ダルタニアンの馬

名大医学部とぼくたちの青春

小長谷正明
Konagaya Masaaki

ダルタニアンの馬　名大医学部とぼくたちの青春

目次

兵士たちの唄——ゲバ闘争の狭間の浪人生　7
疾風怒濤のモラトリアム——名大紛争　35
ダルタニアンの馬　75
さらばビックリ長屋、さあ行くぞ　111
インド経由のエクソダス　142
あとがき　173

兵士たちの唄 —— ゲバ闘争の狭間の浪人生

かつて、僕は若かった。

その若気の至りの末だったのだろう、大学受験で浪人し、吉祥寺の下宿から御茶の水の予備校に通っていた。ただでさえ灰色の青春なのに、世の中は全国的な学園紛争のまっただ中で、心の中は灰色どころか黒一色であった。東大をはじめ、あちこちの大学の入学試験中止の噂が流れていた。志望校なら当然だし、そうでなくても難関校受験生が次の難関校に志望校を変えてと、玉突きのようにしわ寄せが起こる。受験校を変えなければいけない。昭和四三年（一九六八年）の世間も、僕たち浪人も騒然としていた。

それでも、つかの間の気晴らしにと、映画をよく観た。『俺たちに明日はない』はその頃の心の内そのものの題名であったが、フェイ・ダナウェイも銀行ギャングも好きにはなれなかった。『ドクトル・ジバゴ』はロシア革命前後の人と社会の緊張感が今の東京そのもののように肌身に迫ってきたが、〝ララのテーマ〟の緊張感のある甘いメロディが快くて救いだった。それよりも、なんといってもヘップバーンがよかった。『ローマの休日』でも『麗しのサブリナ』でも『昼下がりの情事』でも、スクリーンの中のオードリーは、夢の中の世界に誘ってくれるようだった。だから何本も、そして何回もみた。しかし、夢は夢であった。

もちろん、予備校といえども女子はいた。世の中のどこでもそうであるように、一定の割合で可愛子ちゃんもいれば美少女もいて、そしてそうでない子もいた。時には、なんぞのきっかけでもあればいいのにと、思わないでもなかったが、彼女たちもそれどころではない。なんと言っても大学浪人である。年が明けて受験直前ともなると、化粧っ気は失せてスッピンそのもの、まさに髪をふりみだし、スマイルどころではない。

同じ高校だった女子もいた。目と鼻と口とが、それぞれに個性を発揮したうえで、アンバランスにまとまっている。そのルックスがよいと、それなりにファンクラブもあったくらいだった。しかし、サブリナからはほど遠いエスニック顔で、僕は気を引かれることはなく、高校時代にはついぞ口を利いたこともなかった。それが、いまや素浪人同士、予備校の同級生として、休憩時間などに言葉を交わす。

「浪人は疎外されている。だれも僕たちのことを考えてはくれない。政府も、大学当局も、学生たちも。高校の同級生まで大学に入ると、別の次元の問題だとさ。鉄仮面みたいな顔でそう言う。〝予備校にいる受験生の君たちは気の毒だ。済まなく思っている〟と、みな口先で言うだけだ。〝だけど、今、世の中を変えなければいけないんだ〟とね。その今がどうなるかで、こちとらの人生が変わっちまうんだ」

「でも、全共闘の連中の言い分、分かるんだな。あたしたちも、学生も被抑圧者なんだから。日大闘争が始まった時、あたしも感動したな。だって、総長が大学のことを、お金も入学も人事も何もかも、やりたい放題だったじゃないの。だから、自分たちで日大をよくしなければと、自然発生的に学生が立ち上がったわね。全共闘議長の秋田明大なんて、最初は一般学生で、セクトじゃなかったんだから。若くて真っ白な人間が大学も世の中も変えていかなくちゃ」

「日大に行った同級生が、ヘルメットを被ってデモしているのを見たよ。神保町の通りで。あんな、昔は気の弱そうな奴だったのが、血走った目で叫んでいたぜ」

「やっぱし、大学側、いや社会、つまり体制側が悪いのよ。じゃあなかったら、そのヘルメット君が日大生で、なんでこちとらが予備校でウロウロしているのサ。きっと、佐藤反動政権のせいで志望校に入れなかったのよ。なんて、屁理屈が言えないところが、浪人の弱いところなんだな。実力がないから入試に落ちたんですわ。それだけなの」

「一度ヘルメット君と新宿で会ったことがある。東大の活動家の医学生から名刺をもらったと、自慢していた。その道ではアクティブで有名な人で、闘争に対する考え方もしっかりしている。医者にしても、お前がそうなるかもしれないプチブルイモとは大違いだ、そう言われたよ」

「残酷ね。だれもあたしたちに連帯感を持ってくれないんだ。それに、マスコミからも切り捨てられようとしているんだ」

「この間、うちの予備校生が入試をやってくれといって、東大にデモをかけたんだ。そしたら、全共闘に阻止されたんだってさ」

「バカみたい。でも、あたしも時にはヘルメットをかぶって暴れてみたくなることもあるナ。なんだか、みんないやになっちまう時があるの。入試も大学も、ベトナム戦争も、佐藤栄作もアメリカもみなイヤなんだと。こんな社会も人生もイヤなんだと。壊して、壊して、なんにもないまっ平らにして、それからなんか作ればいいんだ。そう思うこともあるの。主体的によ」

女浪人はオレンジのような丸顔で笑いながら話すので、派手な目鼻立ちの西洋の絵本のお日様みたいだった。話がはずむと、お日様の口が大きく開く。時たま名曲喫茶にさそったのは、それが面白かったからにちがいない。オレンジ・サン、心の中でニックネームを考えてやった。相手が男子浪人ともなれば、会話はもっとペダンティックで、世の中を斜に構えた口振りになる。まずはこれまでのこと、これからのこと、自分が何をしたいのか。今は浪人、されど昔なにがしだ。僕たちはこんなにきちんとした考えの持ち主で立派なのに、世に受け入れられないのはなぜか、などなど。だから、ワイワイと強がりを言いながらも、心の内は重苦しく、屈託の渦巻き、大渦そのものであった。

本心を見せない、背伸びくらべのような話から逃れたくなった時、僕は予備校から坂を下って神保町に行き、よく古本屋めぐりをした。知的好奇心の飢えをなんとか満足させようと、書棚のすみからすみまで背表紙を眺めることもあった。しかし、読書も女の子と同じで、今はのめり込んではいけないと、心にブレーキをかけている。なるべく本を買わないようにしていた。それもまた、フラストレーションだったのかもしれない。

が、店先で百円かそこらで売られている、古いアメリカのグラビア雑誌はよく買い集めた。『ライフ』などの大きなカラー写真で、はるか時空を超えた世界に思いをはせていた。英語雑誌の拾い読みも受験勉強のひとつだと自分を納得させながら、ダム建設で水没してしまうアブ・シンデル神殿を河岸段丘の上への移設や、衝撃の心臓移植、月を目指すアポロ計画の写真記事、それにオードリーやナタリー・ウッドのゴシップなどを、辞書を片手に吉祥寺の下宿でページをめくっていた。

世界大戦のドキュメンタリーの雑誌もあった。大戦中の『ポスト』の表紙は印象が強かった。ノーマン・ロックウェルか誰かが書いた絵だ。ダブダブの米軍の軍服を着た、疲れ切った女性がガレキの間に膝まずいている。戦火に追われた難民かもしれない。自分の意思とは無関係に周囲で吹き荒れる大きな動乱に疲れ果ててしまい、崩れた建物の陰でおびえながらも、しばしの安らぎを、それも明日をも知れぬ安らぎを祈っている。シチュエーションとシビアネスは大違いだが、今の僕の状況と似てなくもなかった。もっとも、こちらには生命の危険だけはなかったが……。

たしかに、この神保町のたたずまいも戦場のようにすさんでいた。流石に砲撃で破壊されたビルはないが、店々のショーウィンドウは割られたままで、街路灯や看板は壊れていて、てんでバラバラな方向に傾いて並び、歩道の舗装は剥がされ、道端に瓦礫の破片や石ころが転がっていた。過激派学生と警視庁の機動隊との市街戦は日常茶飯事で、衝突の〝残り香〟、催涙ガスの刺激でいつも目が痛んだ。

ある日、いつものように古本屋街の通りに足を向けた。その日はシャッターを下ろしている店が多く、通りには車も走っていなかった。しかし、歩道は人混みで鈴なりになっており、ただならぬ雰囲気である。なにか事かと群衆の中に入ったまま待ち構えていると、誰かが叫んだ。

「あっ、刑事だ、デカだ、ポリ公だ。デモ隊の顔写真を隠し撮りしていやがる！」

ハンチングの男がヤジ馬の間をすり抜けて逃げていった。

今度は、ヘルメットに手ぬぐいで覆面した五、六人がツルハシを持って入ってきた。カラフルな敷石で小洒落た舗装になっていたのを掘り起こし、剥がして、叩き割って、肩にかけたズダ袋に素早く放り込む。そして、あっという間に駆け去り、向こうのヘルメット集団の中に入っていった。そこではみな、長い角棒や鉄パイプを振りかざして武装していた。

目を転じると、通りの向こうに青い群団がヒタヒタとひしめいて来る。濃紺のヘルメットと制服に白いマフラーで、ジュラルミンの盾で前方に壁を作り、これまた長い警棒を槍のように構えた機動隊である。『ライフ』のイラストにあった古代ローマの重装歩兵のようないでたちだ。

両軍の間が一〇〇メートルくらいに近づいてから動きが止まり、空気は凍りついた。僕たちヤジ馬のざわめきもなくなり、不気味な沈黙があたりを支配する。

「学生諸君に告ぐ。届け出のない、無法な路上での集会はやめなさい。直ちに解散しなさい。歩道のみなさん、危険ですからこの場を直ちに立ち去って下さい」

ダークグレーの装甲車の上から機動隊の隊長がマイクで呼び掛ける。また、くり返す。今度はヒステリックに絶叫する。

「ゲバ学生、ただちに解散しろ！ 実力行使する！ 東京都公安条例違反で検挙する！ 凶器準備集合罪で逮捕する！ 道路脇の皆さんは危険ですから、この場を立ち去って下さい。立ち去りなさい。ええ、そこのヤジ馬、あっちいけ！ 邪魔するな！」

それが合図であるかのように、地響きを立てて双方がかけ寄る。武装デモ隊の方からバラバラとこぶしほどの石が飛びはじめた。先ほどの敷石のかけらだ。バシッバシッ、ボテッボテッ、ドスン、ドスンと鈍い音を立てながら機動隊はジュラルミン盾で受ける。その後ろからは催涙ガス弾が発射される。白い煙の尾をひき、デモ隊の中に弧を描いて落ちて行く。デモ隊はそれをつかんで、機動隊に投げかえす。何発か打ち込まれると、ギャラリーの僕たち、つまり野次馬の目にも涙だ。

双方がぶつかり合い、乱闘になった。バラバラと大きな音があちこちでおこる。バシッ、ビシッ。鉄パイプの槍ブスマと、それを受ける盾。降り下ろす角材に払う警棒。得物のぶつかる音と怒号が渦まき、ゴォーと地をゆるがし、あたりはまさに騒然となる。刃物同士の戦いではないが、白兵戦であり、肉弾戦である。歩道の近くで乱闘がはじまると、遠巻きにしながら周囲の野次馬たちも動いて行く。

すぐそばに追われた過激派学生が逃げ込んできた。コメカミから血が流れている。機動隊の一人がすぐさま飛びついて、つかまえようとする。野次馬の中のだれかが「機動隊帰れ！」と叫びながら、後ろから引きはがそうとした。すると、さらに機動隊が二、三人、が飛び込んできて、「邪魔するな、公務執行妨害で逮捕する！」と怒鳴り、学生を取り押さえた。はぎ取られた覆面の下の顔は、あのヘルメット君のようでもあった。違ってくれよなァと祈りながら、引き立てられる若者の後ろ姿を目で追った。

二、三年前、大学病院の無給医局員問題や人権無視のロボトミー治療などからまず医学部で紛争が燃え上がった。そこに授業料値上げ反対運動や、いくつかの大学の乱脈経営の追及などの火種が加わり、いまや全国的に、どの大学のどの学部にも学園紛争は広がっていた。さらに、ベトナム反戦運動と重なり、過激派の行動はエスカレートし、しばしば機動隊と乱闘をくり返していた。過激派は全学共同闘争会議（全共闘）を名のり、東大をはじめいくつかの大学を占拠して、バリスト、つまりバリケード・ストライキを行っていた。東大の赤門の中は学問の府ではなく、革命家や民兵きどりの全共闘の砦の様相を示し、反戦を口にしながら活動家たちが戦闘訓練を行っていた。

御茶の水から神田界隈には、日大、中央、明治と多くの有名私立大学があり、みなゲバ学生がバリストし、そこを、マスコミはカルチェ・ラタン解放区と呼んでいた。だから、それらの間に建つ僕たちの予備校は、いわば、戦場の学び舎である。授業の後などに校舎の屋上から下を見下ろすと、道路一杯に白や赤のヘルメット集団が角棒を構えて集まっており、ビルの反対側の道路には紺色にジュラルミン盾の機動隊が集合している。そして、頃合いを見計らって、道路角を回り、双方がぶつかり、乱闘を始めていた。だから、予備校周囲の環境は、アジ演説のBGMに、催涙ガスの香りであった。耳にはガァーガァー、ワァーワァーと轟音となって鳴り響き、鼻はツンツンと突き刺され、目はショボショボで、心と同じく焦点が定まらない。

ゲバとはゲバルトの略で、ドイツ語で闘争ないしは戦闘のことだ。だから、彼らの言うゲバルト闘争とは闘争の二乗なのだと、理系受験生らしく内心理屈をこねていた。カルチェ・ラタンとは、前の年の五月にド・ゴール大統領退陣のきっかけとなった騒動の中心地、パリの学生街である。アメリカでも西ドイツ（当時のドイツは東西に分かれ、冷戦の最中であった）でも学生紛争や反戦運動は燃え上がり、怒れる若者の反抗は日本だけのことではなかった。中国では文化大革命が燃えさかり、紅衛兵のスローガン『造反有理』の文字が、東京でも過激派・全共闘の立て看板に書きなぐられていた。

『毛主席の永久革命論にしたがって、××大闘争勝利！断固入試阻止！打倒佐藤反動政権！米帝・日帝粉砕！造反有理！』

毛主席は毛沢東中国共産党主席、佐藤とは時の首相佐藤栄作、米帝はアメリカ帝国主義、日帝は日本帝国主義のことである。最後のものはあったのかどうかは知らない。不思議だったのは、一年前、せいぜいのところ三、四年前には受験生だった連中が叫ぶ〝断固入試阻止！〟だ。もっと、不思議なのは、この春に大学に入ったら全共闘活動をするのだといって、全浪共、つまり全国浪人共闘会議を名乗って予備校の前で、入試粉砕のデモをしていた連中のことだった。きっと、落第の言い訳を造りたいにちがいない。

事実、学問の府としての大学は機能停止し、まさに脳死状態である。脳死とは、この前の夏に札幌医大で行われた日本で初の心臓移植で、心臓を提供した青年の病態説明で、マスコミに出て来た言葉だ。ともあれ、全浪共の努力とは無関係に、入試中止は真実味を帯びてきていた。

しかし、世の中がどのように目くるめいていようとも、僕は自分自身の戦争を戦わなければいけない。〝断固入試突破！〟だ。デモも映画も本も、女の子もすべて横目でにらんで机に向かっている。

年が明けたばかりのある日、オレンジ・サンの女浪人と二人きりで電車に乗った。事の次第は、小学校から同じ学校だった同級生が、近郊の大学病院に入院しているので見舞いに行くと言ったら、私も行くと付いて来たのだった。ささやかなデートだったのかもしれない。

「彼の具合どうなの？　病気、なんなの？　重症なの？」

これから見舞う友は予備校で学んでいるうちに腎臓の調子を崩し、大学病院に学生としてではなく、患者として入ってしまったのだ。笑うことのできない、ブラック・ユーモア状態にあった。

「ヘルメット君、ちょっと前に逮捕されてね、黙秘権で三週間ばかり留置場で頑張って釈放されたんだって。えらいわね。でも、こんな時の浪人も褒《ほ》めてほしいよね。マスコミも無視しているけど」

「この間、電車に一人で乗っていたら、前の席の二人連れの小母さんが大きな声で、機動隊は嫌ですわね、権力の手先ですよ。世の中を心配している純真な学生を警棒でなぐりつけて。反動政権のやることとですから。この際、大学と日本の将来のためには、今年の入試なんかいらないざんすと言っていた」

「君のことだ、黙っていなかったんでしょう」

「うん。〝じゃあ、僕たち浪人はどうなるんだ〟と聞こえがしにつぶやいてやった。そしたら、〝おお怖わ！ 右翼なんですよ、この人は。こんなのが入学したら、大学を駄目にするんですわ。関わり合いにならないようにしましょう〟と言い捨てて、隣の車両に移ってしまった」

「でもね、過激派の連中って、分からないこともないな。すし詰め教育で、あれしろこれしろと言われ、社会に出ればモーレツ社員の働きバチに。つまんないんだな、そんな人生。なにか別のことを、優等生でなくてもいいやと、棒振って、アジ演説を叫びたくなる。それに、ベトナム戦争反対、安保反対なんて、親たちがアメリカに負けたので、若者たちが代わりに反米闘争をしかけているんじゃないの？」

「そういえばそうだな。戦争に負けて、大人たちはみな牙を剥くどころか、尻尾を振ってしまっている。うちの親父も、アメちゃんの空襲・原爆は国際法違反でけしからんと言っていたのに、いつの間にかソ連・中共から守ってくれているんだなんて口にしている。そんなのを聞くと、いらいらしてしまう」

「子供の時、負けちゃったことばかり聞かされたから、アメリカをやっつけたくなる。若いから、自分の価値観で、自分を突き動かすようにやってみたんよね。自分の価値観なんだから、自分の人生は……。あたし、東大がなくなっても地方大学は受けない。東京に残る。都落ちしたくないの、落人なんかにならないわ」

一時間ほど電車に揺られてたどり着いた大学病院は古びた建物で、自ずと歴史と伝統をかもし出していた。が、東京のどの大学と同じように、あちらこちらにゲバ文字の立て看板が並んでおり、病院の中にもアジビラが散乱していた。

西日の差し込む病室に、久し振りの友は一人でだるそうに体を横たえていた。青白くややむくんだ顔を、頬からアゴにかけて黒いヒゲが隈取りをしている。動作はゆっくりで、それが鷹揚な、達観していて落ち着いた印象を与えた。しばらく前に観た映画に出てきた、アラビアの族長みたいである。ファイサルとかイブラヒムあたりの名前でも通りそうなルックスになり変わっていた。

「なにもしてはいけないって。運動は、もちろんご法度。食事も減塩食。なにを食べても味がしない。元気ないよ。フロイトじゃないけれど、リビドーがない。女の子にまったく興味がない。我ながら別人みたいだと思うよ。ところで、どういう具合？」

「相変わらずの野暮天さ。残念ながら、オレンジ君とはプラトニック以前の問題。まったくクリーンのままだ。入試中止におびえて勉強勉強で、ど灰色人生。だから、この間の三億円事件なんか、どうせやるなら大きいことやれで、なんだか、スカッとした」

一カ月ほど前、府中刑務所の脇で似せ白バイが、ボーナスを運んでいた銀行の現金輸送車から奪った事件があった。警察は三多摩地方にローラー作戦を実施し、留守中に吉祥寺の僕の下宿にも来て、大家の小母さんが、〝怪しい者ではありません、天下の素浪人です。予備校生です〟と答えてくれたという。

「最近、われながら信じられないくらいの集中力なんだ。この間のアポロなんか、地球に戻ってきてから知ったくらいだ」

僕が言った。暮れも押し詰まったクリスマスの頃、アポロ8号が月周回飛行をおこない、人類ははじめて宇宙から地球を見た。写真の中では、灰色の月面の向こうの黒い空間の中に白と青が入り混じった地球がポッカリと浮かんでいた。ゲバルト闘争をよそに、世の中は確実に動いている。

「宇宙の中の地球の上の小さな日本。そこの諍いなんて、小せぇ、小せぇ」

「入試なんてのも小せぇ、小せぇ……か。どうなるかは知らないけれど、きっと都落ちだな。うちの親父はね、水前寺清子のようにしろだって。〝東京が駄目なら、名古屋があるさぁ〟という歌謡曲だ。まじ顔でそう勧めているよ。本当はね、僕の模試の成績を全部送れ、データ解析する。俺は、元連合艦隊参謀だから、作戦を立ててやると言ってるんだ」

「君の親父さんらしいや。この間、どこかの予備校の浪人が首を吊ってしまっていたけど。東大の入試がなくなる、絶望して死ぬと、書き置きして。君たちは大丈夫だよな」とファイサル君。

オレンジ・サンがはじめて口を開いた。

「ちょっと前に、予備校の食堂で耳にしたの。関西の方で入試直前の特別ゼミでホテルに缶詰になり、模試をやったら、まったく同じ問題が出たんだって。ある国立の医学部の去年の話だけど」

「嘘だろう。入試問題は刑務所の中で印刷しているんだから厳重だ。漏れるわけがない。それに、そんなにしてまで、入りたくはないよ」

むきになって、僕は答えた。

「そうかしら、目の前にそんな話が出されたら、強がりを言っておれる？　もちろん、あたしにもプライドはあるわ。でも、受験勉強なんかで足踏みしているよりは、さっさと入学して、好きなことを、勉強でも冒険でもスポーツでも、なんでも早く始められるんなら、それがいいと思わない？ 青春は長くはないしね」

「俺はね、それ以前の問題だよ。こんな時に病気になっちゃって、これでどうなるのかなと、焦りを感じるけれども、焦ってもどうしようもない。自分とは関係ないところで、勝手に時間が流れていって、世の中も動いていく。それをボーッと眺めているだけなんだ。人生の足踏み状態さ。うちの親父、陸軍軍医のヨレヨレ帽子をだしてき、これを被って支那事変で大陸を歩いて転戦したのだと見せてくれた。戦争では勢いいい奴が真っ先に弾に当たるから、勇ましければいいいてぇわけじゃないと言っていた……。どうでもいい、なにもかも。すまんな、こんなことを言って。それよりも、早く良くなって、思いきり煎餅を食べたいよ、塩っ気が恋しい」

　ファイサル君は力なく笑い、それを機に僕たちは病室を後にした。もう、かなり暗くなっていた。木枯らしが吹き、コートの襟を立てて歩いた。家々のほの明るい灯が温もりをもって目に映り、なぜか懐かしい。今は一月も半ばである。

「ファイサル君といるとくたびれるわ。あたし、君とあの人がお話ししているのを聞きながら、この人はどういう人で、何をどう考えているのかなと、ずっと考えていたの。でも、考え過ぎよね、あの眼ざしにあうとね。あたし視線恐怖症なんだな」

「ファイサル君は女の子にもてたからね。文武両道才色兼備で、うらやましいかったよ。でも、病気になっちゃった。浪人でも、女連れで行ってのは悪かったかも」

「あたし、無理して喋ろうと、不正入試の話なんか出しちゃって。気を悪くしたかな」

　病室とは打って変わって、饒舌だった。

「なぜ大学に行くの？　同級だった鉄仮面君が大学で学問の中に理想を見出だしているんだなんて言っていた。いいわね。挫折も悩みもないのよ。あたしたち浪人には理想だとか、ものを考えるのはお呼びでないということじゃない。しゃくね。でも、やっぱり、大学で勉強したいな。数学、フランス語、量子力学。君はどうして大学に行くの？」

「男は社会の中で生きていかなければいけないんだ。その前に、生活者としても経済力がいる。日本は、資格社会だし、学歴社会だ。自分に必要な知識と技術をつけるんだ。それが人のためになるなら、これ以上のことはない」

「へぇー、わりにプラグマティズムなのね」

「世に出るためには、まずちゃんとした大学には入るんだ。理想論ではないよ」

「鉄仮面君に叱られるわよ、そんな気持ちで大学に来るなって。去年の夏休みに読書会に誘われたの。カフカの『変身』。人が毒虫になるのはSFみたいと口を滑らしたらにらまれた。カフカの次はカミュとサルトルで、現代を理解するには実存主義なんだって」

「鉄仮面君と話していると、いつも、なにか焦ってくる。いつか小説を書く時は『青春の焦燥』という題だな」

「本当に。去年の勉強をまた今年もしている。人生の足踏み。ちっとも進歩がない」

「浪人だからね。だから、プラグマティズムで考えることにしてるんだ。それでも、知的好奇心は旺盛なんだぜ。真理なんてものが分かるのなら、突きつめてみたいとも思う。しかし、だれか偉い学者がそうのたまったからと、難しい言葉で云々するのが、知的学生と僕は思わない。……この間、ノーベル物理学賞をもらった朝永振一郎の『鏡の中の世界』を読んだ。新聞は分かりやすいエッセーというけれど、よく分からなかった。どうして、光は粒と波の二つの存在なんだろう?」

「そこに夢があるじゃない。それを勉強して、なぜかを極めてみたいんだ。どこの大学にどのような学者がいるかも調べたわ。だから、今年はある大学にしようと思っている。それに、もし東大の入試があっても、やはりそこにするの。もうこれ以上、玉砕はしたくない。頭が柔らかいうちに理論物理をやりたい」

しばらく沈黙が続いた。

「次で乗り換えるわ。あたし、好きな学問に恋しているんだから、困るんだな、手を握るつもりだったりすると」

「そんなもん、握らないよ」

車内に〝次は新宿、新宿〟のアナウンスが流れ、彼女は西洋のお月様のような笑いを浮かべて立ち上がり、振り返ることもせずに後ろ向きに手を振ってホームに降りた。こうしてオレンジ・サンは僕の視界から去っていった。

この駅では前年の十月二一日、国際反戦デーで過激派が荒れ狂い、その時の破壊のあとはまだ修復されていない。荒れ果てたプラットホームの薄暗い蛍光灯が、ベニア板に書かれた駅名を寒々と照らしていた。


吉祥寺の下宿に帰り、ノートを開き、ラジオのスイッチを入れる。今日の会話でどんなに疲れていても、毎日毎晩一歩でも前進と、机に向かった。万年筆を走らせて例題を解き、使い切ったインクカートリッジの小さなベアリングが貯まっていくのが、努力の積み重ねが見えるようで楽しい。深夜勉強のながら族には、当たり障りのないお喋りかBGMがよい。しばらくしてラジオが言った。

「今夜は『兵士たちの唄』をお送りします」

万年筆をおいて、ちょっと聞き耳を立てた。古臭い甘ったるいメロディーがドイツ語で流れてきた。日本語の歌詞のナレーションが入る。曲も歌詞も月並みで、記憶に残りそうにもなかった。だが、アナウンサーは続ける。

「かつて、戦争がありました。今から二十五年以上も前のこの時刻、毎晩二一時五七分、アフリカ戦線の兵士は、ドイツ軍も連合軍も、ベオグラードからの放送に耳を傾けました。そして、この曲が流れたのです。一九四一年六月、ドイツ軍は占領したばかりのベオグラード（現在のセルビアの首都。当時はユーゴスラビア）より、ロンメル将軍のアフリカ軍団向けの慰安放送を開始しました。ほとんどの音楽は軍歌や、戦意を高揚する唄でした。が、ある時、係の軍曹がレコードの保管棚に行き、何の気なしにそこにあったディスクをかけました。そして、放送に流れたのがこの曲です。

この唄は『リリー・マルレーン』です。ラーレ・アンデルセンという歌手が戦争前の一九三八年に録音したロマンティックな歌謡曲です。でも、歌もヒットせず、歌手も売れないままで、だれも『リリー・マルレーン』のことは覚えていませんでした。

ところが、放送の翌日から、ベオグラードの放送局にリクエストが届きはじめたのです。日を追うにしたがって、あの素晴らしい歌をもう一度という、前戦の兵士からの葉書が増えて続けていきました。命をすり減らし、殺伐な毎日を送る兵士たちは、このメロディーに、平和な時代のはかないロマンスに思いをはせたのです。この世には砂漠と戦車と爆弾以外のものがあったのだと。そして、毎晩ベオグラードからの『リリー・マルレーン』に耳を傾け、今日も生き延びたという、命の実感を味わったのでした。

ロンメル軍団とモンゴメリー麾下のイギリス第八軍との砂漠の戦いは、いつ果てることもなく続きました。捕虜になったドイツ軍兵士は、収容所の中でも『リリー・マルレーン』を歌い続けていました。やがて、監視のイギリス軍兵士も口ずさみ、次第に連合軍全体に広がっていったのです。敵味方もなく、平和やロマンスに対する思いは同じでした。

こうして、アフリカ戦線の両軍兵士の唄は、ヨーロッパ戦線全体に広がっっていきました。ドイツから流行らなかったドイツの歌謡曲は、世界中の国の言葉で歌われるようになりました。ドイツからアメリカに亡命した女優、マルレーネ・ディートリッヒは、方々の連合軍兵士を慰問におとずれ、いつもこの『リリー・マルレーン』を歌ったのです」

兵舎の門のラテルネ（ガス灯）の下で
いつか、二人だけの世界を作るんだ
君のためだよ、リリー・マルレーン
……

いつも立ちつくして君を待ったいた
僕は一晩中こうして君を待っている
君のためだよ、リリー・マルレーン

ぬかるみと寒さの行軍で
君への思いで、僕の力はよみがえる
君のことだよ、リリー・マルレーン

背中のザックが重くのしかかっても
体はぬくもり、ザックは軽くなる
君のことだよ、リリー・マルレーン

僕は、万年筆をもつ手だけではなく、頭も休めてラジオを聞いた。ちょうど、エル・アラメインの兵士たちがベオグラード放送に耳を傾けたように、『リリー・マルレーン』に集中した。もはや退屈な三流センチメンタル曲とは思わなかった。

今でも、殺伐と戦い続けている〝兵士たち〟がいる。過激派に機動隊。ベトコンとアメリカ軍。ゲバ棒と催涙ガス以外の生活、ジャングルと小銃とナパーム弾のない世界。

しばらく前のある晴れた日、新宿駅西口の露店の並ぶ通路脇にトビ色の髪のＧＩが立っていた。ベトナムの前線から休養に来ていたのだろうか、肩をすぼめ、空ろな目で通行人を眺めている。すると背後からの若い女の声がした。

「ハーロー、ナイス・トゥ・ミーチュウ！」

ＧＩは途端に目を輝かせ、安堵の表情で早口にしゃべり、二人で立ち去った。それだけのことだったが、なぜかほっとした。米兵も可哀そうだな、僕と同じ年頃なのに、兵隊にとられて地球の裏側に連れて来られて、生きる死ぬをやらされ、運命と向き合っている、時には地獄も見るんだ、そう思った。

そして、僕たちも自分の人生のために、それぞれがたった一人の戦いをやっている。ゲバもアポロも眼中に入れずに。まさに征戎紅旗わがことにあらずだ。

やがて、ラジオは深夜放送の時間になった。ポーッと汽笛がなり、シュッシュッと蒸気が吹き、蒸気機関車の重い車輪が回りだす音がする。「明治製菓提供、夜のバラード、真夜中のポエム」とナレーションが入り、もの憂い女声の曲が流れる。夜明けのニンフが奏でるようなスキャットを聞くと、心の中に薄めのココアの如きほろ苦さが沸き上がってくる。

このチョコレートのコマーシャル・ソングを初めて耳にしたのは数日前の予備校の食堂でだった。ある受験生仲間がテープレコーダーに録音して持ってきた。小型の、カセットレコーダーという奴だ。スキャットを流すと、周りの受験生もオヤッと一斉のこちらを向いた。しばらくして複雑な顔つきとなり、曲が終わると、席を立って行った。そのカセット君は、受験が近づくにしたがって、表情から緊張感は逆になくなり、夢みて現実から遊離しているようだった。その場にいた二、三人の友だちに話を聴いてくれという。

「好きな女性がいるんだ。年上だけれど。予備校の事務の人、小柄なあの人。トランジスター・グラマーさん。今度の休みに母に紹介するんだ。結婚したいんだ。早すぎるだろうか？　大学？　推薦で私立にもう決まっているよ」

僕もなにも言わずにカセット君から離れた。

ファイサル君を見舞った翌日、入試出願書類のために写真館に撮りに行った。スタジオで待っていると、晴れ着姿の同世代の娘たちがはしゃぎながら出てくる。成人式である。が、春も恋も、僕にはまだまだ先のことだった。昭君香妃もまたわがことにあらず、と呟く。

さらに数日後、東大の安田講堂に立てこもる全共闘と機動隊の攻防戦がはじまった。食事のために街に出たとき、電器屋の店先のテレビで実況中継をみた。屋根の上のゲバ棒振りが映っている。なにへのパッションだろう。一瞬、燃やす情熱があることだけに羨望を感じた。寒風に小雪が混じっている。僕に吹きすさぶ風は嘯々《しょうしょう》とし、眼の前の多摩川上水も寒かった。郷関で、学なりて帰る僕を待つ父を思いやった。

翌日、今春の東京大学入学試験は中止が正式に決まった。全共闘が粉砕したのか、国家権力の陰謀かは知らないが、浪人にとってはまさに「われらが不満の冬」で、その厳しさは増してきた。

さらに翌日の夜、ゲリラ騒ぎで電車が止まったので、僕は予備校の近くの大学の校舎に潜り込み、そこの自習室で司法試験の受験生に混じって勉強していた。外のどよめきで窓際によると、うっすらと雪の積もった道に、過激派が赤い旗竿を何本も立て、角材をかまえて何百人もが隊列を組んでいる。「東大闘争貫徹、カルチェ・ラタン死守」のスローガンをがなりたてながら、月明りの雪の坂道を蛇行しながらも行進して行く。確かに若者たちのエネルギーがほとばしっている。通りの両側は、戦前からの荘重な石作りの校舎がならび、向こう側にはロシア正教のニコライ堂のドームが見える。映画でみたロシア革命のようであった。幸い、コサック騎兵が剣をふるって突入することもなく、また、機動隊が迎えうつこともなかった。

しかし、この情景は僕の目には実在感なく映った。歴史の中の一エピソードなのだ、ぼんやりとそう思った。もはや、いろいろなコメントを考える余裕はなかった。

三月、僕は受験のために生まれて初めて新幹線に乗り、西の方角に向かった。水前寺清子の歌が影響したのかもしれない。名古屋では、もうすぐ春だというのに雪がチラついていた。そして、試験会場の大学校舎の脇では、ヘルメット集団がなにやら声を荒げてデモっていた。季節外れは雪だけではなかった。

二週間後、電報配達の人が差し出す折り鶴模様の赤い封筒を目にした時、静かな達成感が湧きあがって来た。風雪の日々は過ぎ去った……。


その後、鉄仮面君は教職につき、学問を教えている。何事も理路整然としていなければいない彼らしい天職だ。理系なので、実存主義は教えていないはずだ。

ヘルメット君とは、いつか郷里の港であった。大学には学ぶものはなにもなかったと口にし、家業の網元をつぎ、格好いい車を乗り回してプチブルの暮らしをしている。

ファイサル君は何年かして一流大学で学び、アラビアヒゲをそり落としてサラリーマンになった。僕の新婚所帯に遊びに来た時「まだまだなんだぜ、人生は。君は自分の人生の主人公になりたいんだろう」と言ってやった。そしたら発奮して、歯科大学に入り直して初志貫徹をニアバイし、今は僕などよりは羽振りよくやっている。アドバイスは、彼の失意の最中に浪人といえども女連れで訪れたことへの、せめてもの埋め合わせになったと思っている。学生結婚して子どもがいるから、リビドーも回復したようだ。

オレンジ・サンは、しかるべき一流大学に合格し、恋した学問を邁進し、大学院にも進んだようだが、その後の消息は分からない。

『リリー・マルレーン』のメロディーを耳にすると、あの時期、さまざまなシチュエーションの友たちとの青春の日々を思い出す。われら戦友だ。きっと、それなりに歯を食いしばって生きてきている。あるいは、食いしばったままかも知れないが、どこかで矜持正しく暮らしているにちがいない。そう思っている。

疾風怒濤のモラトリアム —— 名大紛争

一九六九年（昭和四四）九月一八日。大学一年生の秋。教養部の医学部進学課程最初の前期試験初日である。遅刻してはならじと、顔を洗い、着替えるや否や下宿を飛び出し、バスに飛び乗って、大学に急いだ。と、何かが変である。校舎の前に〝教養部無期限封鎖—ストライキ実行委員会〟とゲバ文字で大きく書き殴られた看板が立っており、ヘルメットに覆面、ゲバ棒の輩がうろついている。東京での浪人生活で、さんざん過激派学生たちの乱暴狼藉を見てきたので、名古屋にはいないだろう、安穏なカレッジライフを送れるだろうとやって来たのに……。

ところが、なんていうことだ、キャンパスには〝造反有理〟〝大学解体〟〝ベトナム反戦・日帝粉砕闘争〟などの看板が乱立していて、いかにも三派学生風体の奴がアジ演説で〝大学当局・評議会団交勝利〟や〝佐藤反動政権打倒〟などとがなりたてている。三派とは、中核派、革マル派、社青同で、ゲバルト闘争と謳って、戦闘帽よろしくヘルメットを被り、角棒をふりまわしている過激派だ。ヘルメットのゲバ文字でセクトが判る。

が、まさかこの大学で校舎のバリケード封鎖ストライキまでするとは思っていなかった。大義名分がないバリストに、どれだけの一般学生がついていくのだろうか？ 無給医局員問題からの東大闘争や乱脈経営糾弾の日大闘争とちがって、ことを起こすだけの大義名分があるのか僕には分からなかった。春の連休前にはスト実、つまりストライキ実行委員会というもっともらしい連中が大学本部を封鎖してバリケードを造った。だが、教養部からは道路を挟んで1キロメートルも先の広いキャンパスの果にある本部で何かが起こっていても、ノンポリ新入生にはまさに遠くの出来事だ。実感ないまま今日まで来た。

教養部の前には狐につままれたような顔つきの学生が何人も佇《たたず》み、入り口を立て看板で塞がれた校舎を遠巻きにして眺めている。なぜか僕は大学祭で作ったノー天気なクラスの旗を持っていた。すると、隣にいた同級生のポンポン君が呟く。体が大きくがっちりしているが顔が細くて、フランソワ・ポンポンのシロクマの彫刻のようだったので、心の中で彼をそう呼んでいた。

「これで今日の前期試験はなくなったね。連中の勢いからして、封鎖は当分続き、試験は無期延期にちがいない。やったぜ、ベイビー！」

「んだ、んだ、」

僕も、折角の試験勉強がフイになったと口惜しがる訳がない。ポンポン君は中学時代をパリで過ごしたので、正面切った見方ではなく、やや斜に構えて、ソフトな考え方をする。これも、おフランス風なのだろう。

「貴重なモラトリアム期間が転がり込んできたのさ。もともと、この教養部の時間、医学進学課程の二年は知的ゲームをやっているようなもので、お医者さんの学問には直接結びつかないんだね。専門課程に入ると否が応でも勉強漬けになってしまうんだ。それに、学生を試験で落とすのが趣味だという基礎医学の教授もいるという噂だ。だから、封鎖で何もしなくていいなんて、貴重な時間なんだよ。あちこち見て歩いて色んなことを体験して、見聞を広げなくちゃ」

「うん、そうだね」

今度は標準語で頷いた。

つい半年ほど前までは、東大入試中止の非常事態下の大学受験生とし、今ではもう信じられないほどの緊張感で集中力を発揮して入試を受けにきた。ところが、あろうことか、三派学生が受験生の心を逆なでするように、「大学解体、入試粉砕」と叫びながら試験会場の側をデモっていた。といっても、本場・東京の全共闘に較べると月とスッポン、可愛いらしいものだ。

大学生生活が始まると、アトラスの肩の地球のような、もの凄い重圧感から解放され、目に入るもの全てが生き生きとして明るかった。まさにプリマヴェーラ、色彩鮮やかな春である。ドイツ語の先生が口にしたハイネの詩、"Im wunderschönen Monat Mai, Als alle Knospen sprangen"（いと麗しき五月、なべての茎、花と開きぬ）の高揚感をそのまま実感できた。何でも楽しく、世の中が百倍にも千倍にも広がったような気がした。

そしてすぐに六月。大学祭だ。大学らしく、アカデミックかつ高踏な標語が唱えられていた。「磨け　祖国切り開く　科学のメスを！　我ら　真理の砦きづくもの、従属の鎖断ち切る、統一の力、いまこそかたく！」

なにやら青臭さいテーマだが、高い志の息吹にハハハァ〜とうなずき、医学部進学課程らしくということで、前年の夏に札幌医大で国内第一例の手術が行われた心臓移植についてのパネルを造ることになった。何人かのクラスメートが集まり、手探りで勉強していく。どういう手術なのか、なにが問題点なのか、ドナーはどう選ぶのか、拒絶反応とはなんだなどなど。にわか覚えのアカデミック用語を口にしてディスカッションを重ねた。大学病院の心臓外科の研究室を訪れ、キビキビしたドクターたちに将来の自分たちの姿を思い浮かべながら、質問して話を伺った。先生たちは Vena cava（大動脈）も Aorta（大静脈）も知らない新入生の蛮勇にあきれながらも、なんとか相手にしてくれた。郊外の団地で一軒一軒廻って心臓移植についてのアンケート集めにも行った。

それらをまとめてパンフレットを作り、B紙でポスターを作り、教室に張り出した。見物に来ていた小父《おじ》さんに説明を始めると、ディスカッションで頑張っていたエレファントロップス君が割ってはいってきた。

「ありがとね。僕が代わりに説明するよ。実はこの人、うちの父なんだナ」

彼は体が大きいが、見るからに温和なルックスと話し方である。入部したオーケストラでは、長い木管楽器のファゴットを抱えて低音パートを吹いているとのこと。想像するだに、象人間だ。エレファントロップス・ナゴヤエンシスと内心で呼んでいていた。エレファントマンなどより、こちらの方が学名ぽくって、アカデミックに衒学的で格調高そうだ。

大学祭には〝唄声祭典〟もあった。五十二人のクラスから三十人以上も参加し、『ひょっこりひょうたん島』を合唱した。女子も多かったので、外の参加グループのようによその女子大生を借りてくる必要もなかった。実のところ、それが良かったのかどうかは分からないが……。波をチャプチャプかきわけて、雲をスイスイ追い抜いて、と歌いながら、丸い地球の水平線の向こうにきっと待っているはずのなにかが、自分たちの未来を明るく照らしているんだと、陽気に歌ったものだ。

音叉でキーを合わせているソプラノの子もいたし、バンドを作って、フォークソングを歌って日本中を回りたいと言う女子もいる。いつも背広姿で銀行員ルックスだが、素晴らしい低音バスの持ち主は日本一の進学校の出身だ。でも浪人している。タクトを振るのは、長身で彫が深い顔立ちで、音感抜群のチャキリス君である。ミュージカルスターに似たルックスと身のこなしなので、そう呼ぶことにした。ジャズダンスも、きっとうまいにちがいない。もちろん頭脳明晰なはずで、様々なタレントに恵まれている人もいることは羨《うらや》ましい。

唄声コンクールの結果は、なぜか優秀賞に輝いた。あまり音楽的ではない僕が出ていたにもかかわらずだ。参加することに意義があったのだろうか。個性を発揮しないように小声だったにちがいない。他にも、口パクがあったようだ。

最後に、全員で『若者たち』を合唱した。

君のゆく道は　果てしなく遠い
空にまた日が昇るとき　若者はまた歩きはじめる

声を合わせ歌っていると、クラスの一体感が湧き上がってきた。なにせ、これからの6年間、机を一緒に並べることになるのだから。

入学当初は、みな緊張した表情をしており、中には自己紹介で「僕は二番で入学した。トップは入学式で宣誓した某君なので」と言っていたのもいて、大変なところに入り込んでしまったと思った。だが、入試二番のメッキはすぐに剥がれて、羽を伸ばし始めている。

そして、大学祭のイベントを機会に、親しいグループができてきて、何かと行動を伴にすることが多くなった。そのような一人がチキバン君だ。入試の合否発表前から自動車教習所に通って早々と免許を取っていた。きっと見かけより肝っ玉が太く、合格を信じて疑わなかったに違いない。そして、クラッチもウィンドーも全自動で、カークーラーやカーステレオなど、スーパーカーのようにフル装備のマークⅡでキャンパスにやってきた。まだ、そんな車は滅多になく、僕の父の中古クラウンにはどの一つも装備されていない。将来、映画のチキチキバンバンのような空を飛ぶ車や、音声だけで目的地に行く自動運転の車ができたら、きっと彼がイの一番に走らせるにちがいない。

僕は、スト実や全共闘のアジ演説には馬耳東風を決め込み、夏休みはチキバン企画の能登半島一周、一週間のツアーにポンポンポン君や、思いのほか人懐こい入試二番君などと参加することにした。丁度、アポロ11号のアームストロング船長が、人類には偉大な第一歩を月面に記した時で、僕たちも、生涯に亘る友人造りの一歩を踏み出していた。

ともあれ、九月十八日の朝、付き始めた遊び癖を冷ますはずの前期試験初日に、大学の教養部の校舎が封鎖されたのである。すぐにクラス討論会なるものが呼びかけられた。スト実、つまり三派の連中が支配していないどこかの教室であったと思う。

まず、ヘルメットこそ被ってはいなかったが、首に覆面用の白い布を巻き、すぐにでも飛びかかりそうな顔つきの、いかにも三派学生風がまくし立てた。よく見ると、同級生である。僕と同じように、東大入試中止の煽りで箱根の山の向こうからやってきており、一見穏やかでひ弱そうに見えたのが、今は肩で風を切って大声を張り上げている。

「大学当局の四・二八声明は、機動隊導入を許る大管法を認めている。我々の反権力闘争が大学自治原則への侵害だと妄言している。それに追従する勢力は我々を圧殺しようとする代々木のスターリニスト的態度に外ならない。反動そのものだ！」

するると、素早くかん高い反応があった。

「僕たち学生自治会などの民主的勢力をスターリニストとはなにごとだ。トロツキースト！君はだね、自・己・批・判・しろ！　自己批判！」

決めつけ口調の持ち主は、巻き髪で目がクリッとした同級生で、小柄な体のどこにそのようなヴァイタリティがあるのだろうと思うのだが、闘志満々だ。すると、そうだそうだと何人かが声を合わせて追従する。ジョージ・オーウェルの〝アニマル・ファーム〟に出てくる羊の群みたいだ。

隣に座っていたエレファントトロップスが小声で囁いてきた。

「あいつね、体育の授業で野球をやっていたら、すぐ側を転がるボールを拾いもせずに、指で指して〝自己批判しろ〟と言ったまんま。それで、ゴロをヒットにしてしまったんだよ」

民主的、民主的と、民主的ばかり口にするのは、東京でも名古屋でも、代々木系の民主青年同盟、民青だ。対峙している過激派よりは言葉も態度もソフトな印象だが、教条主義的に畳み掛けて論破しようとしていて、同調するのは及び腰になってしまう。それに、決して非暴力でもなく、黄色や水色ヘルメットの戦闘集団もいるし、親政党の共産党はプロレタリアート独裁ともいっている。おどろおどろしい響きだ。スト実にしたって、大管法（大学管理法案）は、もう八月には国会を通っているのだから、大学封鎖をすれば、いずれ機動隊が入るに決まっている。ゲバルト闘争だと粋がっているが、自己陶酔か、革命ごっこのアリバイ造りじゃないか。

延々と怒鳴りあいが続き、乱闘になりかねない。巻き込まれてケガするといけないので、早々に外に出た。ポンポンやエレフェントロップスなどと一緒に大学のある丘を下って動物園に行き、本物のシロクマやゾウに会い、ハレムで遠吠えのトドの雄を、ダンス部に入った入試二番みたいだねとこき下ろし、池でボート遊びをした。これが、僕たちのモラトリアム期の開幕だった。お気楽なノンポリ学生、つまり、ノンポリティカルな無党派なのだ。

さしあたってフリーな時間ができはしても、すぐには使い道がない。見聞を広げようにも、軍資金がない。そこで、とりあえず、千葉の銚子の実家にしばらく帰ることにした。食費はいらないし、父の会社でトラックの助手を手伝えば、いくらかは小遣いも貯まる。で、五月の末に開通したばかりの東名高速道路を走るバスに乗った。時間はかかるが〝こだま〟の新幹線代の九〇〇〇円が節約できる。

家では、僕が生まれる前からのお手伝いさん、おクニばあや様がエビフライを揚げてピラミッドのように山盛りにし、お皿一杯のマグロの刺身も食卓に並べてくれた。ビールを飲みながら、父に事の成り行きを説明する。元海軍少佐は苦虫をかみつぶしたような顔をして口を開いた。

「〝身体髪膚《はっぷ》之《これ》を父母より受く、敢えて毀傷《きしょう》せざるは孝の始め也〟を知っているか？ 支那の孝経の言葉だ。まさか棒振りどもに加わる訳はないだろうが、お前は浪人してよかったかもしれん。現役で、世の中知らずで大学に入ったら、すぐに頭にカーッと血が上っただろう。鍛えてないので、乱闘でボコボコにされるに決まっている。それに、暇をもてあましたからといって、山登りはいけない。冬山で遭難でもしたらどうするんだ。ピッケルとゲバ棒は持つな」

御説ごもっともと、頷いた。

帰省してみても、高校の仲間は、みな東京かどこかの大学に行っていて、誰もいない。中学の時の美人さんが窓口をしている銀行に用事をかこつけて行ってみたが、真面目な顔でお金の計算が忙しそうで、なんだかつまらない。

仕方ないので卒業した高等学校に足を向けた。この間までは偉そうにしていた先生が、僕の顔を見るや否やどうぞどうぞと言わんばかりに、応接間でお茶を出してくれた。そして、来年医学部志望の後輩たちに何か話してくれという。妹の同級生たちだ。できる子ヨと、言っていた生徒ばかりで、僕よりも賢そうな顔をしている。

「もう、解剖したんですか？　医学部進学課程って、基礎医学の勉強をするんですよね」

素直で素朴な質問である。

「解剖はカエルくらいで、ほ乳類は未だだ。医学部進学課程の勉強は、英語やドイツ語、数学、生物や化学などの自然科学、言学、つまり文学の講義まである。せっかく医学部に入ったのに高校の延長みたいなものさ。みんなナァーンだとガッカリ、フラストレーション一杯だ」

少しばかり失望のため息がわき、さらに質問が来た。

「無給医局員問題はどうですか、青医連運動は？　学園紛争の元だと思うので、先輩も無関心ではないでしょう」

「そりゃぁ、人ごとではないよ。教授連中が、博士号をエサに青年医師をただ働きさせているらしい。本当にそうならけしからん話だ。でも、実際はどうなのか、新聞が書いている通りなのか、僕には分からない。まだ大学病院に足を踏み入れてもいないうちに、マスコミや誰かの口車に乗せられて暴れるのはどうかな、危ないな。よく考えなくちゃ。ノンポリと言うのは、ただ無気力なだけではないよ。それに、親父からピッケルとゲバ棒は握るなと言われているしね」

期待はずれのため息と失笑が続く。

「しかし、君たちは、医学部紛争を心配するよりは、まずは入試に合格して、それから考えてくれればいいんだ」

一度はしてみたかった先輩面で教訓を垂れた。

一週間ほど実家にいて、トラックの荷物の積み下ろしの筋肉痛にも慣れてきたが、連夜にわたるおクニばあやの海鮮料理に飽きた頃、シロクマ・ポンポンから電話があった。

「今、エレファントロップスが鎌倉に来ている。僕の家だ。横浜のチャキリスがお父さんのクルマを借りるというので、富士五湖にドライブする。明後日の朝、大船の駅に来てくれるかな？　それに、十四日にはドイツ語の〝仏のバンバ〟先生が、輪読会の自主ゼミを始めるらしい。君も出た方がいいよ」

もちろん二つ返事だ。父にはゼミが始まるからと言って、十六回目の命日目前の母の墓参りを慌ただしく済ませ、東京でのベースキャンプ、つまり世田谷の母の実家に行った。

祖母は僕の顔を見るや否や涙声で、座敷へと促した。

「もうあれから十五年、あの子が生きていたら、どんなにかマーちゃん（つまり僕）が医学生になったのを喜ぶことか。座敷でおじいちゃんも待っているよ」

和室の襖《ふすま》を開けると、祖父が床に就いていた。

元陸軍中将で、東條大将とも親交があった。七月三十日の明治天皇の命日には、数年前までは必ずこの家から一時間も歩いて明治神宮にお参りしていた。八十歳を過ぎても知識欲があり、僕の兄に〝相対性理論〟の本を買いに行かせるほどだった。もっとも、この本は難しすぎる、若い脳味噌のお前なら分かるだろうとくれはしたが、僕にも難しい。そして、その頃から足腰が弱り、家の中でも杖をついて歩くようになった。この夏を過ぎたあたりから食が細くなってめっきり弱り、寝ついてしまったという。

挨拶をすると、祖父は目を明け、以前のように静かではあるが心の中を見透かすような眼差しで、口を開いた。

「あ～、お前か。大学に入れて良かったな」

厳しい人物眼の人で、間違ったり、あいまいな返事をすると、いつもピシャリとやられ、僕は滅多に褒《ほ》めてもらったことがない。が、しみじみとこう言ってくれたので、いくら心が軽くなった。僕の話す大学の様子などに頷きながら、祖父が口を開いた。

「インターン（無給の見習い医）制度から紛争に発展したようだが、造反有理というのは、上を否定しようとする動きのようだ。医術というものは、本を読んだからといって、人の病が分かり、そのまま治せるものではない。病人の診かたや治療法などの極意があるんだ。教授のような人は手練れで、その場の手ほどきがあるはずだ。僕は医者ではないが、世の中を見てきてそう思う。お前もそう心得て、変な勢いに流されないように」

声は細く、弱々しくなっているが、相変わらずしっかりしている。そして、僕の名前を口にして、さらにつづけた。

「お前、女だけには気をつけろよ。色々な人を見てきたが、女で人生を棒に振った者も多かった。これは老婆心だ……」

はあ、と生返事をした。きっとその時の僕の顔は何とも言えない表情だったにちがいない。とんでもなく自堕落に流れやすい奴と思っていたのか、孫を心配しての一般論なのか。いずれにしろ、ガールフレンドなどはいないし、もてた経験もない。入学当初に合コンの誘いに、バッチリ・スーツ姿の銀行員君と一緒に女子大に行ったが、成果はゼロだった。だから、本当の老婆心、いや老爺心だと思った。

世田谷の家には二、三泊し、勝手知ったる神保町の古書店を巡ったり、チャキリスの車で、ポンポンたちとドライブに行ったりしてから、名古屋に戻った。

大学は相変わらずロックアウトが続いていて、教室には入れず、校舎脇の露天の掲示板で、大学からの通知や情報を知った。キャンパス内では時々三派のスト実と民青の学生自治会が衝突して乱闘をしており、構内の歩道の敷石はゲバ闘争の投石用に剥がされていた。ある時など、ニュースでのケガした学生の名は、同級生だった。

ローカルなマスコミは、夏前までは過激派は社会や政府と大学当局の膿を糺す闘争と持ち上げていたが、封鎖後には一転して、大学正常化に闘う学生自治会派だと民青の肩を持っている。そして、何もせずに麻雀や遊びに現を抜かしていて、大学や自分の将来に無責任で無気力な学生がいると、我らノンポリに冷たい眼差しを向けて来る。

そうは言われても、ベトナムに平和を、憲法九条改悪反対を口にしながら、ゲバルト闘争するのは矛盾だし、統制とれた正常化運動は代々木の匂いがして息苦しい。それでいて、鉄砲玉のような行動右翼は単細胞そのものでまっぴらだ。ともあれ、僕は戦争ごっこのために大学に入ったのではない。だから、藤原定家を決め込むのが一番賢いのだ。〝紅旗西戎わがことにあらず〟と。いずれ機動隊が解決する、それまでは自分の時間を思うように使えばいい。

封鎖されていない文学部の教室を借りてのドイツ語の自主ゼミ輪読会で、〝仏のバンバ〟先生が集まった十人余りの同級生たちを前に仰った。

「こういう時でも、きちんと学ぶ姿勢が大事です。医学の世界では、ドイツ語の比重は以前ほど大きくないそうですが、古典的な言語を身につけるのは教養です。そして、西洋の学問はラテン語から発祥しています。次の学期では、ラテン語の勉強を君たちに薦めます。また。この時期、本を読んで人生を深めて下さい。ドイツ文学なら、トーマス・マンのトニオ・クレーゲルなんかをお薦めします」

そのような名前のレストランが、ポンポンのアパートの近くにあったなと不謹慎にも思いながら、福翁自伝で読んだようなありがたいお話を拝聴した。乱にあっても学を忘れず、と。

輪読会の教材は、ハインリッヒ・クライストの『Immen See』という薄い小説である。久しぶりのドイツ語は、ますます分からなくなっていた。それでも、辞書を片手に逐語訳して、仲間たちに付いていこうともがきはじめた。

医学部進学課程は二クラスあり、もう片方のドイツ語教官は〝鬼の霍乱《かくらん》〟先生といい、ルックスも態度も恐ろしげな教授である。入試中止となった大学の医学部にいる息子が自慢で、言葉の端々にそれが出るので、吾が学年とはうまくいくはずがない。右翼的言動で保守反動そのものの学生が、学生帽と学ラン姿で机を拳で叩いて霍乱教授と団交したという。だから、あのクラスの授業ボイコットはスト実がらみの学園紛争ではないようだ。いずれにしろ、霍乱も学ランも、怖ろしい。

本をよく読んだ。十月なんぞは三十冊も読破したくらいだ。駆け出しの医学生らしく、まず『医学概論』というのを開いたが、倫理やお説教みたいな内容だ。どうして偉い人は簡単なことを難しく言うのだろうかと思い、すぐに押し入れで積ん読にした。『外科の夜明け』は医学の先人たちの読みでのある本で面白く、一般向けの心臓移植のノンフィクションは Vena cava や Aorta に悩まされることがなくて、すいすい読めた。純文学も読んだ。三島由紀夫もモリエールも乱読し、モームの『人間の絆』や、軽妙な北杜夫にしては重い『楡家の人びと』などなど。大説というのが適当なような分厚い小説も、数日のうちに読んでしまった。時間がある上に、読解スピードも速かったのだ。

十一月になり、新聞に各地の紅葉だよりが載るようになった頃、ポンポン君からスモール・トリップに誘われた。三重県の伊賀地方の奥地、赤目四十八滝から香落渓を経て室生寺を巡る、バスとハイキングのプランだ。初めて耳にする地名ばかりだが、面白そうだねと言ったところ、翌日には宿や電車の予約までし、ローカルバスの時刻表まで調べて来た。用意万端、先達は有らまほしきかな、だ。

で、生まれて初めて近鉄特急に乗り、名張で乗り換えて赤目口駅で降り、バスで、まずは四十八滝に行った。オオサンショウウオがウヨウヨしている池を過ぎてから、紅葉で覆われた山道を分け入って渓流を辿っていく。すると、布引滝、千手滝、不動滝などと、瀟洒な形で流れ落ちる滝が次々と現れてくる。乙女滝や、銚子滝というのまである。生まれ育った千葉の故郷には滝はなく、そこの荒々しい海岸美とは趣が全く異なる、繊細な自然の造形の妙に目を奪われた。……いい加減歩き疲れた頃、百畳岩の上の茶店でみたらし団子を食べた。

次に、バスで香落渓に向かう。もう名古屋どころか銚子でも見かけなくなっているボンネットのオンボロバスで、バスガールのお姉さんが、料金を受け取ると「発車オーライ」と言った。青いダム湖を右に見て、やがて鬱蒼と茂る森の中の渓谷沿いの細い道をガタゴト走っていく。ポンポンも僕も口数少なかったのは彼女が美人だからではない、深山幽谷に畏れをなしたからだ。木々の紅葉の切れ目から時折覗く青空は鋭角に切り取られ、高く空を突く岩々が縁取っている。その岸壁にしがみつくようにしている木の葉が、陽光を浴びて紅く輝いていた。

この先に家があるかしらと思うほどに人工物のないデコボコ道を二時間ほど揺られて、やっと曽爾村に着いた。なだらかな山々に囲まれた盆地で、ひなびた茅葺の家がちらほら建っているだけの、まさに原日本的風景の山村だ。宿の国民宿舎の食卓には、高野豆腐と胡麻豆腐、茸の天ぷらと川魚の塩焼きが並んだ。それらを肴《さかな》に、とりあえず飲んだビールの喉《のど》越しが最高だった。

「思ったより山奥だね。日が暮れて、外には星以外には光がないね」

「そうさ、都から逃げてきた落人の隠れ里だな。日本書紀によれば、仁徳天皇に横恋慕された恋人たちが逃げ込んで来たんだって」

「柴田翔の『されど我らが日々』の山村工作隊なんかもこんなところを根拠地にしたのかしらん」

「きっと、もっともっと山奥さ」

「今年の芥川賞、『赤頭巾ちゃん気をつけて』はもう読んだかい?」

「僕たちとリアルタイムで、東大入試中止で進学を諦めちゃった日比谷の生徒の話だね。いつも背広姿で、お堅そうな銀行員君も、あの小説のように自分で教師を決め、年に二回も試験がないような、自由な高校時代を送ったのかしらん」

「ま、主人公の薫君は受験せずに、大学生にならなくても、幼馴染みの由美の白馬の騎士だけで、これからもプラプラできるなんて羨《うらや》ましい。究極のモラトリアムだね。そんなことしたら、うちの親なんか、黙っている訳がない、怒りまくるにちがいない」

「俺も親父に勘当されるな」

「そう考えるのが俗物根性かな。でも、薫君はプティブルそのものだぜ。芸術にも過激派にも、なにかとゴチャゴチャとこねくり返して考え、何もしないくせにペダンティックだね」

「そういえば、あの中に書いてあった、白衣の下がスッポンポンで、治療中に主人公の膝の上で居眠りしてくれる女医なんかって、うちのクラスから出ないかな」

「ウッチッチ、そうなったら楽しいのにね」

やがて、箒木の〝雨の夜〟ならぬ〝紅葉の宿の品定め〟となった。

「妖しいルックスのキャッツ・アイ君、能登海岸での黒い水着にゾクっとしたね」

「手足がもっと長ければ申し分ないよ。あれでもピカイチの才女だったらしい。まん丸顔のミカンちゃんは、非常事態の受験生のテレビ討論会で喋っていたらしい」

「世が世ならばなにがしのお姫様でおられるらしい、訛りがあるけどね」

「隣のクラスのメリーちゃんのミニスカもゾクッと来るね」

「カルピスのポスターみたいに細くて真っ黒い子はテニスのせいらしい。空を飛んでいる子もいるよ、グライダー部だって」

そして、どうして日本海側からは、新潟、石川、京都の美人県ではなく、間を抜って来たのかなと、二人で不思議がっているうちに夜が更けていった。

翌日は、見事な柱状節理の連なりの屛風岩の縁を回って、山道を小一時間ほど歩いて百地三太夫屋敷に着いた。この辺りにいた伊賀者の大将だ。忍者屋敷の仕掛けなどを見物してから、室生寺への路を百地屋敷のお姉さんに聞いた。切れ長の目で下膨れの、古風な顔立ちである。

「そこを曲がって行けばすぐですよ、私の足でも三十分くらいです」とのこと。

で、元気よくまた歩き出した。ところが、三十分歩いても山の中、一時間歩いてもどこにも出ない。忍者女の足は速いにちがいないと軽口を叩き、テッテケテッテケと掛け声を出しながら足を運んでいた。が、やがてポンポンは道端にあった竹の棒で杖をつき始めた。夏の能登の海岸で貝殻を踏んづけたのがまた痛み始めたと、泣き声である。困ったな。こんな大きな奴は背負えないなと思っているうちにバス停にたどり着いた。二時間歩かされた。

そして、バスと電車とまたバスを乗り継いで、陽が傾きかけた頃にやっと全山紅葉の室生寺に着いた。何でもかんでも物知りのポンポンは元気を取り戻して講釈様となり、蘊蓄《うんちく》を傾け始めた。

「ここは、女人高野といって奈良時代に、役小角《えんのおづの》が創建したんだ。この五重塔は日本一小ぶりだけれど、てっぺんの九重の宝輪の上が普通の五重塔とは違うんだ」

だが、疲れ果てていた僕は、錦秋に佇む可愛らしい五重塔を愛でる気力は残っていなかった……。イグゾーストの果てに名古屋の下宿に帰り、爆睡した。

されど、我らは若い。百々地三太夫の孫々々々々々娘の〝くノ一〟に謀《たばか》れて歩かされたといっても、翌日から下宿に閉じ篭っているような柔ではない。ポンポンやエレファントロップス、入試二番、チャキリスその他多くの同級生たちと、鈴鹿の渓谷でのバーベキュー、奈良の正倉院御物展で泊まりがけの小旅行、あるいは伊吹山麓にスケートにと、その都度チキバンがフルオートマティックのマークⅡを運転してドライブした。

義理でコンサートにも行った。大学のオーケストラ部演奏会では、大きな体でファゴットを吹く姿はやはり象人間だと思い、混声合唱団のコーラスでは、自己批判君も、クラス討論会とはちがってみなと唱和していた。チャキリスはソロで「グリーン・スリーヴス」を歌い、どこかの女子学生が「ワー、この彼、すてき!」などと後ろで騒ぐのをねたましく聴くのは、僕の精神修養になったというものだ。

このようにしてモラトリアム期間はそれなりに過ぎていった。

十一月末になり、授業が再開し、僕たちはプラタナスの枯葉舞う冬のキャンパスを、難民の群よろしく彷徨い歩きはじめた。教養部の校舎は封鎖されたままなので、他の学部の空いている部屋を間借りし、講義ごとに移動するのだ。あてがわれた工学部の講義室などは、太平洋戦争中に建てられた木造校舎で、歩く度に鶯張りの床がキュウキュウと鳴いていた。冷たい伊吹おろしのすきま風も吹き込んでくる。

大学紛争はいつ収まるのか？　この先いつまでこんな授業が続くのか？　まともな医学教育を受けられるのか？　ちゃんとした医者になれるのだろうか？　などと、心細くなってくる。それでも、遊び惚けた脳みそは、なかなか勉強モードには戻らない。頭に学問が入って来ないのも不安だ。まさに立ちつくす明日だ。

再開したのは授業だけではない。初日のバリケード封鎖で延期となっていた前期試験もやってきた。数学の試験では、解けずに鉛筆の走りが滞っていたところ、後から小さな声する。「答えはネ、……だよ」しめた天の声、チャキリス様と感謝し、答案を出した。が、数日後、彼も僕も芋づる式に何人もが追試になった。かつての才女の山勘解答を彼が見せてもらい、連鎖反応を引き起こしたのだ。

ドイツ語の試験は何とか合格できたのは『Immen See』の輪読会のおかげと、感謝した。ところが、ろくに書けなかった答案の最後に〝僕には難しいです〟と書いた奴まで合格している。〝仏心〟あふれ過ぎる先生は「授業をしなかった大学が悪いので、点数はつけるのは不合理だと私は思います」というお慈悲の言葉を口にし、「俺は猛勉強をしたんだぞ」とポンポン君は怒り心頭の形相だった。

筆記試験ではなく、レポート提出の講義も多かった。教科書や参考書をまとめて何とかなるものはよいが、講義のノートがないとダメなのもある。さて困ったなと思案していると、ポンポンが肘を突っついて来た。

「君の向こうの彼女、眼鏡を掛けていて真面目そうだから、きっとノートをバッチリ取っているよ。聞いてみないか？」

テニス部でカルピス・ポスター状態になっていた子である。ダメ学生と、肘鉄覚悟でおそるおそる申し入れたら、「いいわよ」と二つ返事で貸してくれた。思いの外、優しい人らしい。で、その宿題はなんとかなった。

授業再開はクラスメートと顔を会わせることも増え、試験やレポート提出の後には、四人の面子を集めて中国語の勉強をしながら、ささやかな解放感に浸ることになる。麻雀だ。

夏前にチキバンの家で卓を囲み、何でもいいから三つずつ牌を集めろと言われて、墓石のように立てたのが最初だった。教養部封鎖が始まった頃には、対々三暗刻自摸《トイトイ・サンアンコウ・ツモ》と言って上がったら、ポンポンが目を見張り、それは役満の四暗刻《スーアンコウ》だと教えてくれた。ビッグ・ゲームだ。そして、にわか道学者となって教訓を垂れてきた。

「同級生の誰それが国士無双十三面待ちというダブル役満を上がってから、雀荘に入り浸りになっている。君はそうならないようにね」

十二月十八日も授業の後に四人で雀卓を囲んだ。どんなに大きな手造りで頑張っていても、安くて簡単な手でも上がった奴が強いのだとか、勝負事には照る日もあれば曇る日もあるのだとか、負けても牌を相手に投げつけてはいけないなどと、人生訓じみた御託を聞き流しながら手を造っていく。

すると、目の前に東西南が三個ずつと、きれいに並び、これで二つある北も三個になったら凄いだろうなと思いながら待っていた。すると、今や雀鬼にして遊楽の徒と化しつつある元秀才の入試二番が両索《リャンソー》を切った。で、手に溺れるよりは取り敢えず上がっておこうと、「ロン、なんだか高そう」と言った。僕の手許を覗き込んだポンポンがまた素っ頓狂な声をあげる。

「これは小四喜《ショウスーシー》という役満だ」。宵の七時頃であった。

夜半、帰りのバスが無くなったという入試二番を連れて、離れの下宿に戻った。春は入試で大変、入学後も大学封鎖で大変だった今年も、年の瀬には小四喜で、文字通り、四方とも喜ばしく暮れていきそうで良かったなと、ご機嫌で喋っていた。すると、大家のおばさんがガラガラっと母屋のガラス戸を開けて庭の向こうから声を掛けてきた。

「もしもし、コナガヤさん、コナガヤさん。先ほど、お父さんからお電話がありました。東京のお祖父さんがお亡くなりになりになりましたと」

傍で聞いていた入試二番が言った。

「お前、明日の朝、すぐに東京へ行け。皆には事情を言っとくし、授業は代返しておくで、安心しておれ」

ありがとうと、礼を言った。が、彼の出席状況から大してあてになりそうはない。

次の朝、高速バスで東京に向かった。世田谷の家に着くと、祖母は憔悴していたが、問わず語りに祖父の最期を教えてくれた。

「この間、マーちゃんが来てくれて、帰った後からはずっと寝たままで、お医者さんに往診も頼んでいたけれど、食も細くなっていたわ。昨日の夕方は、湯葉とご飯をほんの少し食べただけで、もういいと言うので、お茶を上げようと急須から注いで、さあどうぞと言ったら、なにも言わないのよ。お父さん、お父さんと呼んでも返事がなく、動きもしない。息も止まっていたわ。七時頃ね。お医者さんが来て、亡くなりましたと言って、北枕にしてもらい、おじいちゃんを独りっきりにしてはいけないと、それから一晩中、枕元で寝ずにいたのね。三途の川を渡る時に着て行ってもらう、白無地木綿の袷《あわせ》と羽織、袴《はかま》を朝までかかって縫い上げたわ。向こうでも、恥ずかしい思いをさせちゃいけない。だから、実は、目で寸法を測り、反物も断っておいたの……。なに、明治の女の心意気よ」

燻《いぶ》し銀の置物のような風格だった祖父は、布団の中でもきちんと羽織の紐を結んで横たわっていた。威厳のある顔はそのままで、死してなお、僕に〝しっかりせい〟と言っているようでもあった。

すでに駆けつけていた父は、僕のボサボサ頭に目を剥き、すぐに床屋に行けと言った。そして、いかにも貧乏学生らしい、あり合わせのジャケットに色地の合わないズボンに、なんだその格好はと言い、朝になったらちゃんとした背広を買ってこいと、命令口調でお金をくれた。端から息子の身の回りにも投資していれば良かったはずなのだが……。

お通夜が始まり、座敷一杯に座布団が敷かれ、沢山の人が集まってざわわしていると、叔父さん、つまり母の弟がひときわ大きな声を出した。

「宮内庁から総務課の○○君が来てくれた」

勲一等佩綬者ということで、陛下からの金一封の御下賜を携えてお遣いが立ったというのだ。

長い読経の後でお斎になり、お遣いが携えてきたお錫、つまり宮中のお酒をほんの盃一杯ほど頂いてからき、有縁遠縁の小父《おじ》さんたちに挨拶して廻った。元軍人あり、役人ありで、昔何がしの保守反動の集まりそのもの、時計の針を三十年も逆戻りさせて、戦前にタイムスリップしたような気分になってしまった。何人目かに、ニコニコ顔の紳士が話しかけてきた。

「君の大学では、まだ棒振り学生がストライキで封鎖しているのか。政府はこの間、大管法を通したのだから、さっさと収拾できるのにね。きっと、愛知県警は準備していると思うね。でもね、大学から言ってこなければ、勝手に機動隊は入れないな。もたもたしていて、君の大学が政府に潰されたりしたら、大変ですよね」と。

す〜っと酔いが引いていった。後で父に聞くと、皇宮警察の偉い人で、この間までは警視庁の公安部だったという。怖わっ、怖わっ、恐ろしい話だ。

翌朝一番に渋谷のデパートに行き、妹に見繕ってもらって濃紺のシングル・スーツにした。ネクタイは、織りがあって紺地に赤い線が入っているシックな蝶屋のものにした。なに、こういう時でなくても使えないと、もったいないからねと、付いてきた妹に嘯《うそぶ》いた。こちらは高校の制服で、まだ間に合う。

試着室からそのままで世田谷の家に戻ると、叔母さん、つまり叔父の奥さんが、目を見張って言ってくれた。

「まあ、惚れ惚れするわね。立派に変身したわね。まごにも衣装ね。いえ、馬子ではなくて、孫よ。よくて。おばあちゃんがきっと喜ぶわよ」

なにごとにしろ、褒めて頂けるのは、悪い気はしない。

葬儀場は東京女子医大のそばのお寺で、山門には祖父の名前の上に〝正四位勲一等〟と書かれた告別式の幟が立っていた。大名の柳沢家の菩提寺で、境内にはお殿様ごとに、大きな墓標のまわりに奥方や側室の小さなお墓が取り巻いている。なんだか、〝女だけは気をつけろ〟と孫に遺言するような人にはそぐわない……。

建て替えたばかりのモダーン建築の本堂で告別式が始まり、父の隣に立って、いつ果てることもない参列者が焼香するたびにお辞儀を返した。中には新聞で見覚えのある顔もあった。叔父さんが元内務省で、自治省の官僚なので、政治家も現れたらしい。

お寺の広間での御斎。祖母を気遣って側にいると、次々と背筋のきちんとしたおじいさんや、品の良いおばあさんたちが挨拶にやってきた。祖母は気丈に振る舞い、その都度、僕に挨拶を促す。この方は参謀本部の深草少将と小町様、こちら様は近衛にいらっしゃった頭の中将とご子息の柏木様などなどと……。次は薫大将と女三の宮かと思ったが、それはなかった。

そして、祖母は会う人ごとに「この孫はこの春、やっと名古屋の医学部に入り、なんとか人様の前に出せるようになりました」と僕を紹介する。こちらとしては複雑な気分にさせられる言葉だ。が、それはそれで大人しく頭を下げるのがおばあちゃん孝行というものだ。

やがて火葬場。柩の蓋のガラス窓が開かれ、祖父は最後の面影を僕たちの眼に焼き付けてから、鉄の扉の向こうに消えていった。

しばらくして、綺麗に真っ白になったお骨が出て来た。妹と組んで箸渡しながらふと見ると、祖父の大きなクラニウムが崩れもせずにその位置に鎮座していた。少しずつボキャブラリーが増えてきたラテン語で、頭蓋のことである。ありとあらゆる思考と記憶がつまった脳は煙となって消えさり、無機質となってクラニウムだけが残ったのだ。誰かが呟いた。

「おじいちゃんは頭がもの凄く良かったから、頭蓋骨も立派なんだよ」

骨壺にそのままの形で納められるのを見ながら、ちょっとばかり不謹慎にも、謹厳実直の祖父が逝ったまさにその時刻の、孫の小四喜はなんの暗合だろうかとふと思った。

翌日の夕方、まだ大学の授業があるのでと言って、僕は家族や親戚と別れて名古屋に戻った。下宿にボストンバッグを放り込んでからすぐに〝まごにも衣装〟スーツのままで〝ジャルダン〟という喫茶店に足を運んだ。チキバンが幹事で店を借り切り、気心知れたクラスメートでXマスパーティをやろうというのだ。遅れて着くと、おなじみの仲間以外にも、なにがしの末裔お姫様やキャッツ・アイなどと、女子学生も何人かいて賑やかに盛り上がっていた。

ノートを借りたお返しにと、パーティの声を掛けておいたカルピス君もいた。が、隣にエレファントロップスが座り込んでいてしきりに話しかけている。デレーッとした表情で、鼻を彼女の方に伸ばしている風情だ。ちなみに、ゾウの長い鼻の腹側は上唇が伸びたものなので、彼はまさに鼻の下を伸ばしているのである。怪《け》しからんと間に割って入り、何とかでかい図体を追い払い、やっと聞き出すことができた。家は名古屋だが、父親の転勤で、子どもの頃は富山県や福井県にいたとのこと。ポンポンとの〝紅葉の宿の品定め〟を思い出し、宜《むべ》なるかなと肯いた。美人県の間を抜っている。

唄やらダンスやらで楽しく時間が過ぎて行ったが、アルコールを飲みつけていなかったのか、早くからクターとして誰かにもたれかかっている子もいた。ポンポンもミカンちゃんあたりと宜しくやっている。

カルピス君は、家の周りが暗いので早めに帰るというので、誘った手前、送っていくことにした。なるほど、名古屋市内にしては鄙《ひな》びた駅を降りると真っ暗だ。薄暗い街路灯の灯だけが、香落渓の夜よりはましなくらいで、暗闇のカラスならぬカルピス・ポスターだ。歌舞伎の〝だんまり〟のようにして、文目《あやめ》も分からぬ冬至の宵闇をかき分けて、家までエスコートしてやった。

ともあれ、この一年のうちでとりわけ目まぐるしかった数日がこれで終わり、最後はちょっとばかりよいことがあったなと思いながら下宿に戻り、手足を伸ばして布団に入った。

しかし、有為転変はまだまだ続く。

翌朝、大学に行くとザワザワしており、今日中に封鎖解除があるらしいという噂が流れていた。午後、広いキャンパスの丘の上にそびえ建つトヨタ講堂の前にたくさんの人が集まって来て、シュプレヒコールを叫びながら隊列を組んで教養部へ向かい始めた。水色や黄色いヘルメットもいる。

「不法な教養部占拠は、断固赦さないぞ！　封鎖を自主解除するぞ！　暴力学生は直ちに退去しろ！……」

教養部に足を走らせると、校舎前の広場も道路も沢山の人で溢れ、それが渦を巻き、波のように何度もうねっている。口々に封鎖解除を叫ぶ声がわーっと大きなどよめきになり、バラバラという石が当たる不気味な音もする。僕は、その大きなエネルギーの流れを見ているうちに体中の血がたぎり始めた。隊列に加わろうと一歩足を踏み出した。すると、後ろから強く引き止められる。振り返るとシロクマのような顔があった。

「危ないぞ、スト実は校舎の上から物を投げ落としている。当たると怪我をする。当りどころが悪かったら死ぬぞ。機動隊に任せておけ。やめとけ」

ポンポンのさす指先の校舎の屋上にはヘルメット姿が数人、狙いを定めてコンクリート・ブロックを投げ落としている。ドスッ、ドスッ、ボカッ、それらが落ちて飛び散る。寄せ手が身を引いて、地面に空間ができている。解除隊列から何人かが飛び出て、ゲバ文字の立て看板を頭上に担ぎ上げ、それを盾にして校舎の入り口を目指す。それをめがけてブロックの爆撃がある。危ない！　板が割れて、人が斃《たお》れた。日大闘争では機動隊員がこれで死んだのだ。それを思い出して、血の気が引いてしまう。

校舎の入り口で乱闘が始まった。ポンポンが広場の一角を指さして、また言う。

「あそこで、マイクを握って、手で指している奴がいる。寄せ手の動きを指揮しているんだ。

闇雲に飛び込んでいっても、チェスのポーン（捨て駒）にされちゃうぞ」

そうだ、お通夜の晩にも皇宮警察の小父さんが「三派にしろ民青にしろ、デモの先頭で殴り合っていて逮捕されるのは下っ端ばっかりだ」と言っていた。で、スト実に無言の圧力を加えているその他大勢の学生の群に混じって、成り行きを見守ることにする。

すると、見慣れた顔をうねっている隊列の中に見つけた。エレファントロップスだ。つい二十時間ほど前の〝ジャルダン〟でのデレデレ顔が一転して、ランランと目を向いて叫びながら行ったり来たりしている。道路を隔てて眺めていた土手を駆け下りて、デモ隊の縁にいた彼に近づき、先ほどポンポンに言われた言葉を繰り返した。

「危ないぞ、スト実は校舎の上からコンクリートを落としている。死ぬぞ。機動隊に任せておけばいい、やめとけ」

しかし、ゾウの耳は大きくても聞く耳ではない。「封鎖解除、スト実断固糾弾」と遠吠えのような雄叫びをあげながら行ってしまった。

もの事が始まると、一期に教養部の封鎖バリケードは破られた。それまでの無意味な混乱だけだった長い時間が嘘のようだ。スト実は残党三派が未だ立て籠もっている大学本部へと逃げて行った。

翌朝、バスで大学に行くと、本部や教養部をはじめとして、キャンパスのあちらこちらに紺色の制服にジュラルミン盾の機動隊が並んでいる。封鎖解除の乱闘で六十人もの負傷者が出たので、警察は傷害事件として捜査に入ったという。昨日の今日のことであり、抜かりなく、手際よくことが進み過ぎている。何処かで誰かがシナリオを書いているような気がした。

こうして、わが大学の学園紛争は終焉を迎えた。

キャンパスからヘルメット学生は消え失せ、耳障りなアジ演説も聞こえなくなったが、目障りな立て看板はまだ残ったままで、教養部の校舎は荒れ放題であった。当分は経済学部や工学部の教室の間借り状態の授業で、難民生活は続く。そして、ストライキによるカリキュラムの遅れを取り戻すために、御用納めの日まで授業があり、新年も御用始めとともに開始だ。

我が友エレファントロップス君は大きな図体にもかかわらず、コンクリート・ブロックの直撃は受けず、暴力学生として逮捕もされず、元気な姿で現れた。幸いなるかな、ホモ・エレファス！

活気が戻ってきた生協食堂内のプレイガイドを見ると、『マイ・フェア・レディ』の映画ポスターが懸かっている。やはりヘップバーンはいいなと思いながら眺めていると、ポンポンが後から声を掛けてきた。キャッツ・アイの声も聞こえて来た。

「オイ、下手な鉄砲、数打ちゃ当たるというぜ。トライ、トライ、トライしてみるぎし！」

「あの子、メガネを取ってメイクすると、一番かもしれない。私、そう思う」

で、チケットを二枚求め、授業の合間にカルピス君に渡してみた。

「ありがとう。でも、こんなことはもうしないで下さいね」

そう言って、大枚をはたいたチケットをノートに挟み込んで行ってしまった。素っ気ない人だ。


いよいよ暮れも押し詰まり、世田谷に寄り祖母を慰め、それから銚子に帰るべく、東名高速バスに乗った。目まぐるしく様々なことが起こった日々が瞼の裏によみがえり、本当に Sturm und Drang（疾風怒濤）の年だった、〝終わり善ければ全て善し〟だと思いながら、車窓の外で流れる景色を眺めていた。

はっと気がつくと、真っ赤な富士山が目に飛び込んできた。夕映えの光で、雪のヴェールが朱色に輝いているのだ。人間《じんかん》の喧噪や由なしごとに関わりなく、ゆるぎのないズッシリとした存在感である。〝富士は日本一の山〟と、つい小声で口ずさんだ。

エピローグ

翌年の四月からは教養部校舎での授業が再開し、ついてしまった遊び癖と勉強を何とか折り合いをつかせて、留年することなく医学部本科に進んだ。何人かはそのまま教養部に留まり続け、学生運動や麻雀だけではなく、何か高尚な目的でモラトリアム延長をした人もいたかもしれない。

そして、誰かの予言通り、医学部では周期的に猛勉強の季節が襲ってきた。基礎医学では人体と生命の精緻なシステムに感激し、臨床医学ではそれを壊す病気のメカニズムを学んだ。学生をしごくのが趣味という教授の試験もそれなりの成績で一発合格し、どの教科も、あの数学のようにBコンを喰らうことはなかった。卒業間近の内科の試験では幻聴がしたようだ。「オ〜イ、答案を横に置いてくれ」。次に現れたのは幻覚だっただろうか。後ろの席からろくろく首が伸びて来た。はて、ウェストサイド物語で長かったのは足だったはずだが……。

ともあれ、僕たちは卒業試験も医師国家試験も通過し、さらなるモラトリアムを過ごすことはなかった。

なお、「こんなことはもうしないで下さいね」と言いはしたものの、カルピスは映画館に現れた。その後もしばしば一緒に観に行き、何年か後には、ロンドンのコベント・ガーデン脇のミュージカル・シアターで本場の『マイ・フェア・レディ』を堪能した。いつも僕がチケットを手配している。

だから、フランソワ・ポンポン君に足を向けて眠らないことにしている。

大学封鎖の朝。モラトリアムの日々が始まった。

名古屋大学東山キャンパス。中央コンコースでは集会が開かれ、右側の文学部校舎の前には立て看板が倒されている。

ダルタニアンの馬

これはまさに〝ダルタニアンの馬〟だ。その自動車を最初に見た時、そう思った。ダルタニアンは『三銃士』の主人公だ。次に〝ロシナンテ〟という名前が浮かんだ。ドン・キホーテのやせ馬がロシナンテで、あこがれの姫君がドルネシアである。ノーベル賞作家のスタインベックが、愛犬ジョニーを連れてのアメリカ放浪旅での愛車名でもある。だが、これから長らく助手席に乗ることになる人が、実は飯盛り女で太めのドルネシア姫ではかわいそうだと思い直した。だから、この車を〝ダルタニアンの馬〟、縮めて〝ダル馬〟と呼ぶことにした。ダルタニアンは波瀾万丈の活躍をして、ついにはフランス国元帥になった人だ、あやかるには悪くない。もっとも、ルイ十四世からの辞令を手にした瞬間に敵弾が頭に命中したが……。だから、大それた夢は抱かない方がよい。

大学を卒業し、母校の内科第一講座の大学院生になり、いよいよ青年医師としてスタートを切ることになった。その餞《はなむけ》に乗用車を買ってやると父が電話で言ってくれた。医学部に在学中は、同級生たちがスカイラインGTRや、カブトムシ・ワーゲンを颯爽《さっそう》と乗り回しているのを横目で見ていたので、心が浮き立った。なんせ、女の子にもてないのは車がないためだと思い込んでいて、僻んでいたくらいだ。気の毒に思ってか、気安くしていただいていた基礎医学の助教授が新しいスポーツカー、フェアレディZを買うので、それまでのトヨタ車をやると言ってくれたことがある。が、試乗してみると、ボンネットから煙を吐き、スピードメーターの針は動かなかった。カローラどころかボローラである。アメリカではこんな車はいくらでも走っているのだとフェアレディ先生はのたまっていたが、「ご厚意、謝するに余りあり」ですと、乃木大将みたいなことを言って辞退した。

さて、受話器の向こうの父に新車かと聞くと、知り合いの中古を譲ってもらうとのことで、ちょっとばかり期待がしぼんだ。それでも、モータリゼーションの街、名古屋で自動車のあるなしは、縄文時代と二〇世紀くらいの行動力のちがいがある。だから不平は言うまい。

で、国家試験を終えた次の日、おそるおそる医局長に申し出て休みをとった。五百キロもの帰りの長距離ドライブが一人ではきつそうと、助手席同乗志願者を連れて帰省した。その頃、その人は楚々とした風情だったので、僕にはシモネッタ・ヴェスプッチに思えたくらいだった。決してドルネシア姫ではない。麗しのシモネッタはボッティチェルリのモデルである。二十歳半ばの女性はみな美しいし、たとえ、カルピスのポスターのように真っ黒だったにしても、こちらになにがしかの感情があれば、誕生したばかりのヴィーナスか、プリマヴェーラのフローラかに見えてくる。なに、〝あばたも笑くぼ〟と言えば、それまでだ。

彼女とはもう六年越しの〝お友達〟だが、入学したばかりの頃は愛想も色気もない、色の黒い子だと思っていた。それが、入学した年の暮れ、大学ストライキと遊び癖で授業について行けなくなったフランソワ・ポンポンにそそのかされて借りたノートのお返しで、クリスマスパーティに誘ったのがことの始まりだった。同じ臨床実習グループだったり、仲違いして一年も口を聞かなかったりと、兎も角、とてつもなく長い春を過ごしてきた。

今回、同じ国家試験も受けたといっても、自動車受け取りに行く新幹線や、東京からのローカル線のナバカリ特急列車の徒然の間に、答え合わせなどするほど野暮ではない。二人とも端から合格するに決まっていると思っている。兎にも角にも、臨床実習が終わってからのこの半年間は、ただひたすらに勉強三昧の日々だった。毎週一、二回の割合でそれぞれの臨床科目の卒業試験があり、その最後が医師国家試験だ。僕について言えば、その間に大学院の入試まで受けている。辞書なしで論文を読めるほどのドイツ語も勉強した。だから、一生でこれほど勉強した時期はない。これほどやっとけば、大学受験で浪人などはしなくてもすんだはずだ。もっとも、そうなっていたら、カルピス・ポスターと出会うことはなかったのだが……。

ともあれ、衒《てら》いなしによく勉強した。あの、東大入試のない年に突破した頭脳が、その時を上回る勉強をしたのだから、国試落第などはありえない。で、自信をもって自動車回送の助手席同乗をプロポーズした。二つ返事だった。

予期せぬ同伴者との帰省に、父や妹はいささか戸惑い気味でもあったが、大皿に山盛りのエビフライと、マグロの刺身と金目の煮付けが次々と食卓に並んだ。〝おクニばあや様〟が心づくしに用意してくれた銚子料理の歓迎の宴である。

翌朝、父と車を受け取りに行った。洗車してピカピカにワックスされていたが、スタイルは古めかしく、塗装はところどころ剥げていた。バンパーや窓枠のメッキ部分には錆が浮いている。メタリックにはちがいないが、くすんでいく分かの金属調の光沢があった。聞けば新車だったのは七年も前であり、走行メーターの二万三千という数字は、きっと一回りはしていて十二万三千キロにちがいない。ひょっとしたら二十二万三千キロでも不思議はない。心の中でこうつぶやいた。「やはり、うちの親父には商才はないのだ」。

あらかじめ買値を聞いていたので、そう思った。それだけの金があれば、中古車センターでも、もっともっと新しくてはるかに程度のよいものを買えたのに……。終戦後、様々な経緯があって、父は銚子で町工場を起こしたが、アップダウンが多い、多難な経営危機の連続を乗り越えながら、僕たちを育ててあげてくれた。その父が車を買ってくれたのだ。

「さあ、これがお前の車だ。どんどんと走り回って活躍してくれ。決して、無謀運転はいけない。事故に気をつけろ。それから、若くてお金がないときに新車なんかを買うんじゃないよ。所詮は下駄と同じ履きものだから。ともかく、この車を大事にしてくれ」

そう言う父の言葉を聞きながら、僕は『三銃士』の出だしを思い出していた。南仏はガスコーニュの田舎からパリへ旅立つダルタニアンへの父からの餞は三つの贈り物、馬と剣と金貨であった。馬は当年十二、三歳、ひどく人目を引く代物で、毛並みは黄色、尻尾に毛はなく、歩く時は頭を膝より下げている。そして父なる田舎貴族様は、いかにこの馬が素晴らしく、これを大切にして世に出ろと、似たようなことを言っていた。いやはや、古今東西、父親というものは……。

が、ともあれ自動車は自動車だ。イグニッションを入れると、ブルブルと震えてから、思ったよりは軽快な音を立ててエンジンが回る。クラッチ操作の四段変速ギアミッションで、ウィンドーの開閉も、ステアリングも全手動で、エアコンなし。カーラジオがせめてもの近代装備だった。それでもちゃんと走れた。クッションが固めで、尾底骨に振動が力強く伝わってくる。

早速、カルピスを乗せて街に出る。すると、中学高校の友達がハチマキをして道端に並んでいる。ブレーキを踏んで停め、「オーイ、何してるんだ」と声をかけた。同級生のOが市議会に立候補したんだと、ハチマキの一人が指さす先には、かつての悪ガキがタスキをかけてマイクを握っていた。僕の顔に気づくやいなや、声を張り上げた。

「ここに、高校の同級生で、地元の新聞、大衆日報に医学部学生の箚診療日記を書いているK君が来てくれました。推薦演説をお願いします！」

で、「新しい銚子、未来のこの町をつくっていくのはO君の若々しい力が必要です」とか何とかと、口から出任せ気味に応援演説をした。内心は、こちらはこれから社会人なのに、もう世間で大きく活躍しようとしている奴がいると羨ましかった。助手席を意識して、少しばかり引け目を感じる。浪人して医学部と、人様の倍も学生をやりおってと、酔った父の言葉を思い出した。

選挙演説の方はほどほどにして退散し、故郷の自然を助手席同乗者に見せようと、〝ダルタニアンの馬〟を海沿いの道に走らせた。利根川が渦をなして太平洋に注ぎ、太平洋の怒濤が白く砕ける荒々しい海岸。切り通しを抜けて突然開ける白砂青松の海岸と犬吠埼の灯台。延々と十数キロも続く切り立った屏風ヶ浦の断崖。そして向こうははるかなる大海原。これが、僕の誇る、古里の景色だった。隣町はホノルルなんだとうそぶいた。

翌日、八重桜が爛漫と咲き誇る長閑な道をたどり、過激派の三里塚闘争のためにちっとも開港しない成田空港の脇を抜け、それから首都高を経て東名高速道路を辿った。が、〝ダル馬〟はかったるい。アクセルを踏んでも大してスピードが出ない。まさにDull馬だ。すべての車に追い抜かれながら、青息吐息で浜名湖辺りを走っていると、同乗者が「いつか、浜名湖の舘山寺にドライブしたことがあったわね」とつぶやいた。そうだ、たまには人並みにと、ポンポン君を拝み倒してマークⅡを借り、つかの間のドライブデートをしたことがあった。ピンクのサマーセーターがいつもより大人びて見えたことを覚えている……。

ほぼ一日がかりで、銚子から名古屋に戻ったが、ダルタニアン物語の主人公とちがって、旅の途中で馬を売り払うことはしなかった。

昭和五〇年（一九七五年）春、僕は大学病院で医者として歩みだしていた。もちろん、患者さんの診療にも当たるわけだが、この大学病院というところは、若手の医者をこき使いながらも給料を払わない。場合によっては、授業料をとることすらある。お金を払って働かせて頂く医者もいるのだ。大学院生の僕もその口だった。だが、藪にもならないタケノコ医者でも食べていかねばならない。若手のドクターたちは、みな市中の病院や診療所のアルバイトでなんとかやりくりしている。

ところがである、まだ医師国家試験の結果発表はされていないのだ。つまり、医者になってはいない。父は、件の自動車で、これで仕送りはすんだと言い、ダルタニアンの父親のように金貨の袋はくれなかった。しかし、医者でもないのにバイトさせる病院はない。だが、食費はいる。〝ダル馬〟のガソリン代がいる。それに、デート代もいる。そこで、おずおずと医局長に泣きついた。

「じゃ、考えてみよう。まさか君、国家試験は大丈夫だろうね。今まで、当第一内科に入局したフレッシュで落ちた人はいない。すぐに、医者になるのだろうけど、それでも初めは危なっかしいから患者を診るのはダメ。ま、しばらくはボート・レースで食べるんだね。なに、賭けろと言うのではない。競艇の選手の健康診断だ、みんな体は丈夫で病気持ちはいない。プロスポーツでは、出場選手に医者が異常なしと言わないとゲームやレースができないことになっている」

ガスコーニュからパリに出たダルタニアンもすぐに金に困り、あちこちの屋敷に出入りしながらチャンバラで腕を上げていた。僕はギャンブル医で糊口をしのぐことになったのだ。

初めてボート・レースに行った日は、実は国家試験発表の日だった。朝の新聞で自分の合格を確認し、カルピス・ポスターの名前も見つけて、ウキウキと車を走らせた。これでニセ医者ではなくなったと胸を張った。何十キロかをドライブして海辺の小都市の競艇場に着き、道端の空いたスペースに〝ダル馬〟を停め、指定された競技本部の診療室をさがした。有刺鉄線つきの塀の小さな扉をくぐると、そこは特別な一画だった。見るからにウルトラベテランのバアサン看護婦さんに到着を告げると、自動車はどこに停めたかと聞かれた。

「その辺りはネ、レースに負けて自棄《やけ》のやんぱちになった競艇ファンが、車に悪さすることがあるんさ。去年なんか、火つけた新聞紙を投げ込みおって、丸焼けにしちまったんヨ」

いくらくたびれた車でもカーベキューはかわいそうだ。それではと、関係者用の駐車場に移動してきますと席を立ちかけると、だめだと言う。八百長防止のために有刺鉄線の内側に一度《ひとたび》入ったら、レースが全部終わるまで出てはいけないとのこと。そこを何とかと言うが、「これは規則ですので、どうしようもありません」の一点張りを、競技本部の役員がのたまう。

「李下《りか》に冠を正さず、瓜田《かでん》に履《くつ》を納《い》れず、です。疑惑を持たれたらもう終わりだで、ギャンブル運営は自分に厳しくせにゃあかんのです。先生は選手の健康状態が分かる立場だし、暗号で八百長していると言われたらどうするんですか。履歴に傷が付きます。もちろん、ここで舟券を買うのはもっての外ですで！」

やがて、競艇選手の健康診断がはじまる。次々と僕の前に来て大きな声を出す。ナントカ選手異常ありません、カントカ選手異常ありません、と怒鳴って申告していく。こちらもなにか答えなくてはと思う前に、競技本部役員氏が大きな声でヨーシ、次！と怒鳴り返す。四、五十人がそのようにして目の前を流れていって、お終い。……後は寝るだけの時間。事故でケガ人さえ出なければ、僕の仕事はなにも残っていないのだ。

もともと博才はないので、大して興味はなかったが、どんなものかと競技本部に陣取り、双眼鏡を借りて見てみた。爆音を鳴らして六隻ものボートが一斉にスタートして、フルスピードで直進し、次いで水中に立つ柱を回り、また直進する。三周して勝負を決める。数回見ているとと思いのほかあっけないのが分かってきて、見ているだけでは退屈してきた。が、観客席では出走の度に、人々の動きが止まり、固唾を飲んでレースを逐っている。医者でもギャンブル好きなら賭けたくもなるだろう。なるほど、〝瓜田に履を納れず〟の例えも必要なのだ。

診療室にもどり、爆音を耳にしながら、事故にそなえて救急医療の本を読んでいた。ウルトラベテラン看護婦が笑って言う。

「ここでは、ドクターの先生がヒマなのが一番。事故がないということ。大ケガが来たら、設備も薬もないのでなにもできィしません。その時は、これは大変だ、病院へ行きなさい。こう言いなさりゃいいですがネ。後はなにしていてもいいんですけど、ナントカ先生とダレソレ先生は違いますね。いつも空き時間には論文を書いていなさる。きっと将来は偉くなりなさると、私ぁみていますがね。たいていの先生はみんな週刊誌を読んでいなさるか、居眠りなさっているだが……」

ともあれ、何も起こりませんようにという僕の祈りが通じたのだろう、事故もなく、ただ時間が流れているだけの午後だった。国試合格したとはいえ、ついこの間までは学生だったので、書こうにも論文のネタはない。外部からの情報遮断ということで、テレビもラジオもご法度だ。ただただボーッとしていると競技本部役員氏が伝言をもってきた。大学からの電話だったが、八百長がらみの協議関係者への電話もあり得るので、取り次げないのでと、頭を掻きながらメモをくれた。ラッパのように早口で声が大きな講師の先生からでしたと付け加えていた。

「国家試験おめでとう。特上の寿司で待っているで、早く戻ってきぃさい」

ウルトラベテラン看護婦と役員氏が声を揃えて、「先生、よかったですねェ、おめでとう」と言ってくれた。偶然その場にいた人でも、行きずりの人でもよい、だれかが一緒に喜んでくれるのは、本当に嬉しいことだ。

陽が傾きはじめた頃、レースが終了し、競技本部役員氏が再度現れて、今日はファンが満員で大入り袋ですよと、のし袋をくれた。期待して開けると、百円玉が一個入っていた。ささやかな合格祝いでもあった。

しばらくしてなにかの放送があって、帰れることになり外に出してもらった。有刺鉄線区域から抜けて娑婆に出た瞬間、開放感がまずあった。伸びをして、足早に駐車場に行く。あった、あった。幸いなるかな、わが〝ダル馬〟は焼かれもせず、タイヤを刺されもせず、ボディの傷も増えもせずに、ポツンと停まっていた。すぐにイグニッションを回し、スタートさせる。陽に照らされて焼けたハンドルをアチチ、アチチと回して、祝いのお寿司が待っている大学病院に向かおうとする。ところがである、競艇場の周囲は大混雑だ。大入り袋が出ただけあり、競艇ファンの入りもよくて、自動車も多いのだ。ほんの数十メートル進むのに十分もかかる。やっと名古屋市内に入る頃には夕方のラッシュが始まり、またまた渋滞である。暗くなってから、朝の何倍もの時間がかかって大学病院に戻った。

お腹はすっかりペコペコで、エアコンなしの初夏のドライブでのどもカラカラだ。寿司とビールの期待を込めて研究室のドアを開けた。ところが中には人影はなく、大きな寿司桶が二つ、空になって机の上に重なっていた。既に、主役不在で国試合格祝いの宴は終わっていたのだ。読みにくい字のラッパの講師様のメモがあった。

「これからの活躍を期待する。寿司は先に頂いた……」

今日は、記念すべき一日であり、カルチャーショックの一日でもあった。わずかに残っていたガリを頬張ると、口中に唾液が湧き出してきた。ゴクリと飲み込んでから〝ダルタニアンの馬〟に戻っていった。

たとえロシナンテであっても、馬は馬であり、騎士や銃士の機動力にちがいない。わが七年前の新車も現代の機動力ではある。寿司を食べそこなっても、学生時代のように下宿わきの〝めし屋〟でなくてもよい。相手さえよければ、お金さえあれば、一緒にレストランにでも行ける。そして、正式に医者になった今、ギャンブルではなしに、ちゃんとした診療のアルバイトも回してもらった。もっとも、往復百キロにもなる遠くの電動工具工場の診療室ではあったが。

大学病院でも一所懸命だった。患者さんの症状の一つ一つ、検査データやレントゲンの所見がそのつど興味深かった。エヴリシング・ニュー、なんでも新鮮で、遅くまで先輩のドクターMの後をついて回っていた。この人、情熱的であり、いつもサンタルチアを歌いながら医局に現れ、夜遅くまで回診する。意識のない人にも話しかけながら診察していた、しゃべらなくても表情が無くても、脳には聞こえているんだぁと言いながら。僕が診断や治療で疑問点を口にすると、こちらの視点にまで降りてきてディスカッションもしてくれる。一晩中、患者さんの脳波や心電図を泊まりがけで記録する終夜ポリグラフの検査にも付き合わされた。それが何時になろうとも、夜中でも、明け方でも、車があるから大丈夫だった。そして、呼び出されればすぐに駆けつけた。

一度、夜の回診の後、ドクターMの単身住まい中のアパートに行ったことがある。たくさんの文献と、学位研究で使ったネコの脳の標本があった。雑談していると、突然、ああしまった、締切りだと言って、論文を書きはじめた。所在がなくなった僕は、カルピスが当直している病院が近いことを思い出した。こうなったら吉日、傍若無人になるのはお互い様。ちょっと行ってきますと言い残して、〝ダル馬〟で飛び出した。もちろん、その病院へ。

梅雨に入ったばかりの夜、疲れて眠りかけていると電話があった。郊外のフェアレデイ助教授の家に同級生が何人か集まっていて、お前も来いと言う。電話の向こうでは、ステレオの音量一杯に、そして自棄っぱちにうわずったがなり声の歌が交じっている。

「ネェあなた、そばにい〜て、お願い〜、お願い〜よ」

虚仮《こけ》のように同じリフレインを繰り返している。ただならぬ雰囲気だ。押っ取り刀で〝ダル馬〟に乗り、アクセルを踏んだ。

道路は空いており、信号の流れもよくて快調な走りだった。と、信号無視の小型トラックが危なかったので、クラクションを鳴らした。ヒヤリとしてコンチキショウと、力一杯クラクションをたたいた。大きな音がした。〝ダル馬〟は主の怒りを察してか、「プォーーー」と大音響をが鳴り出した。クラクションを放しても、鳴りやまない。しかたなく路肩に停め、「プォーーー」のままで点検する。強く叩いたのでクラクションのバネが元に戻らないのだ。いい加減使い古されて金属疲労で破断したに違いない。焦る。騒音公害だ。「プォーーー」。深夜の町に〝ダルタニアンの馬〟のイナナキが、ゾウの遠吠えのように響き渡る。

イグニッションを切っても「プォーーー」のままである。手探りで工具をとりだし、ステアリングのパネル部分を外しにかかった。試行錯誤しながら、ガタガタと分解する。五分、十分、「プォーーー」にもめげず、脂汗をにじませてドライバーを回す。古い車が幸いしてか、素人でもなんとかなる構造だった。周りの家に灯りがつきはじめた。しかし、「プォーーー」のお陰で、ブーイングは聞こえない。

やっとバネが外れた。ピタッと音が止み、嘘みたいに静かになった。車の外を見る。男の人がバールを持って立っていて、ギョッとする。「これを使わないかね」その人が言った。深夜の騒音で怒り心頭に達して出て来たのかと思いきや、工具を持って来てくれたのだ。まずはバッテリー配線を外せばよいのだと、教えてくれた。

動かない自動車ほど手に負えないものはない。同級生の誰かがトラブル後にそんなことを言っていたが、エンジンだけは丈夫で走れても、鳴きっぱなしの車も手に負えないものだ。そんなことをブツブツ言いながらフェアレディ助教授邸に着いた。

真夜中だというのに、家の外にまで騒音がひびいている。「プォーーー」ではなく、「ネェあなた、そばにい〜て、お願い〜、お願い〜よ」、『想い出まくら』を歌う小坂恭子のレコードとやけくその歌声だ。

ドアを開けると、騒音の中に同級生が数人、ウィスキーを飲んで荒れており、修羅場になっている。狂気混乱支離滅裂の巷《ちまた》だ。半年上も前の浜名湖湖畔のホテルでのカオスを思い出した。臨床実習が終わり、試験ばかりの医学部最終コーナーを前にしたクラス旅行で、宴が盛り上がり過ぎて、ホテル中を飛び回るストームになってしまったのだ。部屋のテレビまで目の前の浜名湖に放り出す始末で、壊した什器と迷惑料を、旅行に付いて来られたフェアレディ助教授に弁償していただいた。さほどに、僕たちと先生は親密で、今度はお宅を修羅場として提供することになってしまっている。

僕を見ると、酔った一人が出てきて、抱きついて言う。クシャクシャの顔だ。

「オゥ、お前な、お前な、カルピスちゃんを大事にしろよ、大事にしろよ」

酒臭い息で、呂律《ろれつ》が回らない。言葉は支離滅裂だ。話をつなぎ合わせると、結婚式の日取りまで決まっていたのに、長年の彼女との間が壊れたらしい。なんとか事態を飲み込み、僕は絶句し、三島由紀夫の『永すぎた春』を脳裏にたどりながら、青春のお通夜の喧騒の中に入っていった。声が出なくなった〝ダル馬〟の分だけ、僕も同調した。そして、この自棄《やけ》っぱち連中がオンボロ自動車に火をつける気にならないことだけを祈った。

青春は光と影が交錯し、そして時には騒々しくもあるのだ。

大丈夫か？　僕たちも。一瞬そう思った。が、〝大丈夫ダァ〜〟と心内の中で声がした。親が反対する訳がない。

この春に餞の〝ダル馬〟を頂くために帰省した時、助手席同乗志願者に目を丸くした父が、後で聞いてきたものだ。

「よそ様の娘さんを連れてきて、お前どうする心算《つもり》なんだ？」

しどろもどろに、あーうーと、大平正芳大臣のように返事をしたら、「俺が決めてやる」と、案に相違した反応である。ついこの間は、名古屋まで足を運んでくれて、わが〝ダル馬〟に乗ってカルピスの親に会い、話をオーソライズしてくれた。卒業前の予想ではベルリンの壁のように僕たちの前に立ちはだかって突破困難かと恐れていたのだが……。おかげで、よくあるように双方の親の思惑の板挟みや、駆け引きなどに悩まされることなくてすんだ。やっと、永い春に終始符が見えてきていた。だから〝大丈夫ダァ〜〟だ。

はて、こんなにもの分かりのいい親父だったかしらんとほくそ笑んだら、案の定、突然経済的観念がよみがえったらしく、次のようにのたまった。

「もう社会人なのだから、後は自分の金でやれるだけやれ。式と披露宴の費用は俺が出す。が、それまでだ」

父は、事業での借金は返済し、男手一つでお前たち四人の子どもの教育も終わり、残すべき美田は買わないと言っていた。そして、獅子の子は千仞《せんじん》の谷を這い上がるとか、カーネギー、ロックフェラーに二宮金次郎などなどと、口走る。実に迷惑な諺《ことわざ》と偉人たちである。

僕はまさに自己資金ゼロからの出発で、〝ダル馬〟で足繁くボート・レースに通わざるをえなかった。ウルトラベテラン看護婦と競技役員氏と仲良くなり、その都度「若《わ》きゃァ頃の苦労は宝なんですがネ」などと慰められた。幸か不幸か、忙しくしているとお金は使わない。少しまとまった金額ができると、それで結納用の真珠のネックレスを、翌月にはエンゲージ・リング、さらに新居となるナバカリ・マンションの敷金と、タケノコ暮らしになってしまった。そして将来性を担保にささやかな結納金を貯める。

デパートに結納飾りも自分たちで買いに行った。名古屋は派手な土地柄で、金銀の水引き細工の翁媼、鶴亀に七福神の宝船が並んでいる。結婚コーナーの小母《おば》さんは、松竹梅の盆栽を薦める。が、余裕がない。それに関東地方では簡素だ。おまけに質実剛健のわが家では、兄たちの結納飾りは扇子一本程度だ。で、一番簡単な飾りをと言ったら、これですと、やや邪険に戸棚の下の方から出してきた。それでも、兄たちの飾りよりはるかに華やかだった。

次に会場の予約を頼んだ。小母さんは、お値打ちなところではと、焼肉屋のホールや寿司屋の二階などのプランを並べはじめた。もう少しまともなところはありませんかと聞くと、さらにつっけんどんな口調で答えてきた。

「それはですネ、上を見れば切りがありませんワ。まあ、この地で一番手はAホテルにBホテルで、次のクラスは……」

「じゃぁ、そのAホテル、料理は一番上」

申込書の勤務先に目をやった小母さんの言葉遣いに急に丁寧になった。披露宴の費用は親が出すのだ、ゴージャスに決まっている。

秋たけなわの頃になって、やっと料理屋の一室で簡単結納飾りの交換を行った。立会いのフェアレディ助教授は少し遅れて現れ、顔には絆創膏を貼っていた。夫人はおとなしい方で、何があっても亭主の顔に爪を立てるようなことはされないはずだ。きっと、悪ガキ学生どもとふざけていて、転《こ》けて、擦り傷を作ったに違いない。

本番での仲人をお願いしている大教授へのご挨拶に参上する父を、ダル馬で乗せて行った。体は小柄だが、シャープな頭と行動力の持ち主の大教授だ。もちろん、大学病院の外来で、いつもベシュライバー（カルテ書き）として侍《はべ》っていても、僕としてはものを申す時は緊張感で身体中が固まってしまうような存在である。だから、親の前で、色々とまたご指導があるのだなと、覚悟しながらハンドルを握って行った。

ところがである、思わぬ方向に話題は走った。最初に丁重な言葉を交わすと、ある意味、この年配の人の挨拶でもある「戦争中は如何していましたか?」となった。父が海軍と言うと、大先生がすかさず軍医として乗り組んだ戦艦大和に話が変針した。レイテ海戦にも参加されたが、次々と運び込まれる負傷兵を治療した応急救護室は巨艦の艦内にあったので、外の様子はまったく分からず、時々感じた衝撃も、自分の艦の主砲の砲撃か、敵の爆弾の命中かは、分からなかった。戦闘が終わって甲板に出ると、先程まで一緒に艦隊行動していた戦艦や巡洋艦の姿がみな消えており、寂しくなってしまっていた。昭和二〇年春に、沖縄特攻作戦直前の大和を下ろされ、江田島の海軍兵学校に配属替えになった。八月には広島被爆直後の調査に従事し、戦後の復員船に乗り組んだ。輸液セットなど、米軍から渡された合理的で効率的な機材などを見て、負けるべくして負けたと実感されたことなどを話された。

日頃の診察室や回診の時とは違って、大先生の来し方と人間をうかがわせる話ばかりで、殊更にご指導を承ることもなくて、ホッと胸をなで下ろした。もっと若い頃の父なら、大いに盛り上がって軍艦マーチでも唸るところだったが、流石《さすが》に改まったご挨拶の席、大人しく拝聴していた。帰り際、〝ダル馬〟に乗り込んだ時、父はボソッとつぶやいた。
「あの軍医大尉は大したものだ、死線の上をまたいで来たのだな」

社会人の一年生、医者の一年生は、瞬く間に季節が過ぎていく。でも、芽が出たばかりで、藪には程遠いタケノコ医者である。一人一人の患者さんは病気を軸にして、戸惑いと諦《あきら》め、時には再生の喜びを、そして背後の世間のことまで見せてくれる。ドクターMの大声・奇声の指導を受けながら、学会デビューもした。聴衆はカボチャが並んでいると思えと言われても、この新米医者めと睨みつけられているようで、講演原稿を読みながら足が震えていた。質疑応答が終わって席に戻るや否や、目の中に赤と緑の閃光が飛び散り、割れるような頭痛が襲ってきた。血管が破れたかと思ったが、手足は動き、口もきけ、やがて直った。ああよかった、クモ膜下出血ではない。ドクターMによれば、緊張感からの解放後の偏頭痛発作だという。きっとこの人のビシバシ指導が原因にちがいない。そういえば、入試の後にもあった。

ともあれ、エヴリシング・ニュー。砂漠の砂がいくらでも水を吸うように、僕は臨床医学の、そして社会のことまでも学んだ。また、収入からやたらに取られる源泉徴収に憤りを覚えているうちに、師走となった。

東京で大きな学会があるので、先輩たちは発表準備で秋口から張り切っていた。僕も出席の心算にしていた。ところがである、学会の直前になって国労と動労、国鉄労働組合と動力車労働組合がゼネストを行った。スト権スト、ストライキ権を確立するためのストライキだそうだ。とかく左翼の人の理屈は、平和憲法を守れと言いながらゲバ棒を振るったり、核保有でも中ソは平和勢などと、なんだかよく分からない。僕たちにとって確かなのは、一週間以上も東海道新幹線が走らなくなったことだった。

そこで、東京の学会へは自動車に分乗して行くことになった。東名高速道路も大混雑が報道されているで、朝早くに待ち合わせ場所に自動車が集まった。ラッパの講師様が〝ダル馬〟を一目見て言った。

「こんな危ない車に、おれは乗っていかんぞ」

確かに、どう見ても刑事コロンボの愛車なみの時代ものだ。ブレーキはオイル漏れできかなくなったこともあるし、金属疲労はイグニッション・キーにまで及び、給油の際に折れてしまったくらいだ。

今度はドクターMが〝ダル馬〟を見た。

「待てよ、若いお前さん一人でこの車で行かせては心配だ。アンタの嫁さんを式の前に後家さんにする訳にゃいかぬわさ」

そう言って、助手席に乗り込んできてくれた。僕は、ハンドルの下から取り出したソケットの穴を金属クリップでショートさせてエンジンをかけた。ガソリンスタンドで教えてもらったやり方である。

「お前さん、自動車ドロボウみたいだな。わしゃ決死の思いだ。運転交代はせんよ」

冬の早朝は真っ暗で寒い。ところどころ道路が凍っている。ドクターMが寒い寒いと言い始めた。ないのはエアコンだけでなくて、ヒーターもないのかとぼやきながら、パネルをいじっていくうちに暖かくなってきた。実は、僕はそれまで〝ダル馬〟が暖房できるとは知らなかったのだ。次にドクターMがアイスバーンの心配をしはじめる。この車のことだからきっと丸坊主タイヤにちがいないと。

東名高速道路に入る。夜明け前の暗い道、暗夜行路を大型トラックがビュンビュン走っていく。前途は長いが、早く着かなければと、僕もアクセルを踏み込む。車のレスポンスは悪く、馬力もないので、強く踏まなければいけない。追い越される度にハンドル握る手がこわばる。暗い三河の山間部を、ヒューヒューと大きな風音を切りながら、〝ダルタニアンの馬〟はガタビシと走る。百キロを超えると、うなりも振動も強くなる。しばらく静かだった助手席のドクターMがタバコをふかしはじめた。

「わしゃ眠れん。この車、よく揺れてにぎやかだな。ブレーキは直したんだろうな」

意地になって、さらにアクセルをふかす。百二十キロ。〝ダル馬〟の自己最高速度だ。振動はさらに増して、ハンドルが大きく震え始めた。握っているのも難儀である。必死になってしがみつくと、こちらの腕から肩、上半身が揺れてしびれてくる。振動病が起こりそうだ。そして、車全体がゴォーッとうなりはじめた。助手席も怒鳴る。

「アカン、アカンぞ、お前さん！　この車、分解しちまうぞ！」

アクセルを抜くとスピードが落ち、振動が止まった。緊張のためか、冬だというのに手は汗でビッショリだった。

愛知県と静岡県の境のトンネルを抜けた時、正面の山から朝日が上ってきた。

「見てみい、お日様が上がるがや。いい景色だ。今日が始まるんだ、お前さん。未来はあんたらのものだ。そのうち、もっといい車に乗れるようになるわサ。羨ましいワイ。それにしても、千葉の銚子からこの車で一緒に帰ってきたなんて、あんたの嫁さんになる、その子も調子外れの大した度胸だ」

だから、ドクターMはいい人なんだ、そう思いながら運転を続けていった。そして、お昼前に、〝ダル馬〟は分解もせずになんとか虎ノ門にある学会の会場に着いた。

三日ほどしてその学会が終わり、僕はそのまま車で銚子に帰省した。刺身と蟹と、皿に山盛りの海老フライを並べて待っていてくれた父に車検を頼み、そしてキーやクラクションとたくさんの修理箇所を挙げながら、かなりのポンコツだとつけ足した。父の寂しそうな顔を見て、しまったと後悔した。

〝ダル馬〟を銚子にそのまま残して、ストライキが済んで動きはじめた新幹線で名古屋に戻り、自動車なしでしばらく過ごした。だが、これは不便だった。現代から一遍に原始時代に戻ったようだった。機動力がない。どこにもいけない。自分で自分の時間を思ったように使えない。そしてなによりもデートがままならない。

で、正月の帰省では、助手席同乗者なしで運転して帰って来た。黙々とUターンラッシュの首都高速と東名高速の大混雑を通り抜け、名にしおう日本坂トンネルの大渋滞も経験した。もっとも、スピードが出ないので、学会の時のように車体が揺れることはなかった。しかし、十二時間も同じ姿勢でハンドルを握っていると、首筋が突っ張り、肩が凝り、腰まで痛くなってきて、手もしびれてくる。休憩と思ってサービスエリアに入っても、連れがないと慌ただしい。用を足してコーヒーを飲むと、すぐに車に足を向けてしまう。ちっとも疲れはとれないし、気分転換にもならない。空っぽの助手席が恨めしかった。

一月十五日、成人の日。寒かったが、晴れていた。

朝、昨日から名古屋に来て、引っ越したばかりのナバカリ・マンション西洋長屋に泊まっていた父や東京の祖母、ばあや様たちを、披露宴会場のホテルに送っていく。立派な玄関には場違いなみすぼらしい車だったが、ちゃんとドアマンが出てきて、盛装の年上の人たちを下ろしてくれた。それから、僕だけで二キロほど離れた大学病院まで運転し、基礎医学校舎の裏手に〝ダル馬〟を停める。すぐに今度は病院の玄関でタクシーを拾い、先程のホテルにとんぼ返りした。

指定された受け付けに行くと、サァサァどうぞどうぞと小部屋が並んでいる一画に案内された。半開きの一部屋をのぞくと、カルピスが鏡の中でほほ笑んでいた。本当、シモネッタ・ヴェスプッチに見えてくる。大きく開いた襟足が白かった。僕も別の小部屋に連れ込まれ、用意してきた羽織袴の着付けがはじまった。それから後は、筋書き通りでものごとが進んでいった。

「お座り下さい……。ご起立下さい……。お辞儀を……。お神酒を……。誓いの言葉をお読み下さい……。お写真を……」

来賓の祝辞は、講師様もドクターMも、この日ばかりは秀才才媛にしてくれた。が、同級生のチキバンに司会を頼んだのが災いしてか、マイクの前ではもちろんテーブル席に着いたままでもポンポンポンやチャキリス、象人間その他のクラスメートたちのスピーチはひどかった。折角、生涯にただ一日だけ、大教授様ですら眉目秀麗、頭脳明晰、運動神経抜群と言ってくれているのを、聞くも無残に、実はなにがし、本当はそうではありませんと神話を叩き壊していく。挙げ句の果てに「お目出度う、下手な鉄砲、数撃てば当たる」とも。そして、どのような罵詈雑言を言われようとも、僕は反論すらできないのだ。唯一、自分の意思でできることは、ナイフとフォークを使って料理を口に運び、自棄になってグラスを呷《あお》ることだけだった。

次の日の新婚夫婦最初の仕事は、ハネムーンの小遣い捻出のために、頂いたご祝儀のドル替えだった。既に、大枚の旅行費用を払ってしまったし、親は新婚旅行の小遣いをくれないので、自転車操業なのだ。一ドル三〇八円。

予約してあった東南アジアのパックツアー参加者は二人だけ、つまり僕たちだけで、専用のガイドに豪華ホテル、それに立派な大きな車である。講師様のラッパやドクターMの奇声で煩わされることもなく、患者さんにも研究にも追われない。それはそれはの夢見心地の日々で

郵便はがき

料金受取人払郵便

名古屋中局
承認

6624

差出有効期間
2025年5月31日
まで

460-8790

101

名古屋市中区大須
1-16-29

風媒社 行

注文書◉このはがきを小社刊行書のご注文にご利用ください。

書名	部数

郵便振替同封でお送りします（1500円以上送料無料）

風媒社 愛読者カード

書　名

本書に対するご感想、今後の出版物についての企画、そのほか

お名前　　　　　　　　　　　　　　　　　　　　　（　　　歳）

ご住所（〒　　　　　　　　　）

お求めの書店名

本書を何でお知りになりましたか

①書店で見て　　②知人にすすめられて
③書評を見て（紙・誌名　　　　　　　　　　　　　　　　）
④広告を見て（紙・誌名　　　　　　　　　　　　　　　　）
⑤そのほか（　　　　　　　　　　　　　　　　　　　　　）

＊図書目録の送付希望　□する　□しない
＊このカードを送ったことが　□ある　□ない

名古屋で見つける化石・石材ガイド
西本昌司

地下街のアンモナイト、赤いガーネットが埋まる床……世界や日本各地からやってきた石材には、地球や街の歴史が秘められている。

1600円＋税

ぶらり東海・中部の地学たび
森 勇一／田口一男

災害列島日本の歴史や、城石垣を地質学や岩石学の立場から読み解くことで、観光地や自然景観を〈大地の営み〉の視点で探究する入門書。

2000円＋税

名古屋からの山岳展望
横田和憲

名古屋市内・近郊から見える山、見たい山を紹介。山の特徴やおすすめの展望スポットなど、ふだん目にする山々がもっと身近になる一冊。

1500円＋税

名古屋発 日帰りさんぽ
溝口常俊 編著

懐かしい風景に出会うまち歩きや、公園を起点にするディープな歴史散策、鉄道途中下車の旅など、歴史と地理に詳しい執筆者たちが勧める日帰り旅。

1600円＋税

愛知の駅ものがたり
藤井 建

数々の写真や絵図のなかからとっておきの1枚引き出し、その絵解きをとおして、知られざる愛知の鉄道史を掘り起こした歴史ガイドブック。

1600円＋税

伊勢西国三十三所観音巡礼
千種清美

◉もう一つのお伊勢参り

伊勢神宮を参拝した後に北上し、三重県桑名の多度大社周辺まで、39寺をめぐる初めてのガイドブック。ゆかりの寺を巡る、新たなお伊勢参りを提案！

1600円＋税

写真でみる 戦後名古屋サブカルチャー史
長坂英生 編著

ディープな名古屋へようこそ！〈なごやめし〉だけじゃない名古屋の大衆文化を夕刊紙「名古屋タイムズ」の貴重な写真でたどる。

1600円

あった。ただ、バンコクの街には〝ダル馬〟と同じ車が紫色の煙を出して走りまわっていて、日本での日常を思い起こさせた。
十日ほどして名古屋に戻り、駅からタクシーで大学病院に直行する。雪の吹き溜まりの中に、わが〝ダルタニアンの馬〟は凍てついていた。ドアをこじあけ、乗り込んでイグニッションをまわす。グルルル……、ブ、ブ、ブ、ブスブスブス、と数回言ってから、エンジンが回転し始める。現実が戻ってきた……。その時、僕たちの懐には、聖徳太子の一万円札が二、三枚しか残っていなかった。

一年が過ぎ、大学院の二年目になったが、研究室の新しい医局員はみな医学部の卒業年次が上なので、相変わらず僕は序列最下位のままである。それでも、二年目とあって、受け持ちの入院患者はもとより、研究面でも、ドクターMを介して大先生からの指令が飛んでくる。遺伝的に小脳機能が悪くてまともに歩けないマウスに薬剤を打って動作がどうなるかとか、その時に脳の機能の変化はどうだとかとで、いわゆる難病に治療の道筋がつけられないか？　雲をつかむような話だ。おかげで、人間どころか、マウスの静脈注射、尻尾の細い血管への注射がうまくなってしまった。

そんなことをやっている暑い最中のある日、キャンパスの庭を歩いていると、向こうからお疲れぎみのフェアレディ助教授がやってきた。僕の顔を見るや否や口を開いた。

「おい、お前か。そのネクタイを貸してくれ」

「なんですか。急にネクタイパーティでもあるのですか。それとも、誰かの首を締める？」

「いや俺の首だ。共同研究でイタリアのボローニャ大学にいたら、学部長から電話が来て、話が決まった。教授にしてやるからすぐ戻って来いと言われ、とりあえず今着いたばかりだ。これから偉い先生たちとの面接だ。あいつら、吾輩を無理矢理教授にして、首根っこにネクタイを巻き付けて、身動き取れなくする魂胆に違いない」

と、口では言っても、まんざらではなさそうだ。僕は、「は、はあ、いよいよ先生が教授様にならはる」と言いながら、水玉模様のネクタイを外して差し出した。学生時代から「ネイチャー」に論文を書くほどに才気にあふれているこのドクターも、傍若無人に振る舞えたモラトリアムの季節は終わり、次のステップに入ろうとしている。あの、自由奔放な時代とはおさらばで、もう僕たちとも一緒に遊び呆けてはくれないにちがいない。（もっとも、後で聞いた話では、教授にするからその車を何とかしろと言われたそうだが、その後も長らく臙脂のフェアレディZを乗り回し続けていた。）

その頃、〝ダル馬〟でもう一度長距離ドライブをした。

まず伊勢神宮を参拝し、ところどころ未舗装のアップダウンの強い曲がりくねった国道四二号線をたどって、尾鷲から那智勝浦へと抜けた。ガタガタと揺れ、エアコンなしで全開の窓からはほこりが入り込んでくる。トンビが舞う葛籠《つづら》折りの峠を下っている時、田中角栄前首相の逮捕をカーラジオで聞いた。今太閤の栄華も長くは続かず、時代は移っているのだ。しかし、目下の僕たちの関心事はポタリポタリと漏れるラジエーターの水であり、オーバーヒートを恐れながら数時間おきに水位を確かめながら走っていた。ともあれ、二人だけのドライブは、たわいもない啀《いが》み合いと仲直り、お喋りと沈黙との繰り返し、そしてたまさかのハッピネスである。

南紀で温泉につかり、熊野三山を巡リ、新宮から紀伊半島を北へ縦断した。十津川の先は深山幽谷であり、切り立った崖に細い道路がまとわりついて這っている。対岸の滝を眺めて目を降ろすと、数十メートル下は白波が逆巻く急流だ。対向車が現れでもしたら、どうしよう。バックで交互通行だ。そうでなくてもバック走行は怖くて苦手だ。こんなところで車がトラブッたら大変だ。ハンドルを切り損なったらそれまでだ。考えただけで、頭の中が真っ白だ。

が、そのような難所ではなにも起こらないものである。無事に吉野川を越え、奈良盆地に入った。途中、奈良県立医科大学病院のやや古色を帯びた建物に目を回しながら、炎天下の名阪道路に入った。照りつける太陽で焼かれながら、喘ぎ喘ぎ何百キロかの全行程を無事に戻ってきた。ナバカリ・マンションの駐車場に停めた瞬間、イグニッションを切るより前に、ハタッと〝ダル馬〟のエンジンがこと切れた。まさに、息が止まるようであった。

いよいよ車の寿命で、買い換える時期が来たのだ。やはり新車がいい。財布の中身は寒かったがローンを組み、父の訓戒に背いて、その頃人気の新型クーペを買うことにした。

ところが、ダルタニアンの馬のアネクドートはこれで終りではなかった。

その時期、僕は患者さんの検査や機械の操作で、ドクターMの研究の手伝いをしていた。脊髄小脳変性症で、よその病院で療養中の患者さんにも大学病院まできて頂いて、検査をすることもしばしばあった。そのような送迎も、駆け出し医者の僕の仕事だった。

残暑のある日、検査に来てくれた患者さんを、応急修理した〝ダル馬〟で街外れの療養所に送り届けようとしていた。大渋滞だった。前の車が急停止。僕も反射的にブレーキを踏む。するとドーンと来た。追突だ。したのではなく、されたのだ。最徐行だったのでさほどのショックはなく、患者さんも無事な様子でほっとする。外に出て車の後部を点検する。幸いバンパーがわずかにゆがんだ程度だ。どうせもう少しで新車が納車されるし、下取りも決まっているので、まあいいかと思った。振り向くと、追突したのはピカピカの国産高級乗用車であり、前のバンパーがグシャッとつぶれていた。サングラスの若いお兄さんが青い顔をして飛び出し、すごんで、がなってきた。

「法律で急ブレーキは禁止されている！」

「道路交通法で車間距離を取るもんだ！」

「おれはな、岐阜から来たもんだ！」

「僕も千葉から来たもんだ！」

ここで相手はキョトンとして声を飲み、間をおいてからまた吠えた。

「車を壊して、どうしてくれるんだ。このままでは帰られねェ、兄いに叱られるワ」

「じゃあ、警察に行こう、警察に行こう、警察に、警察に」

岐阜から来たという車の中から、アフロヘアーにキンキラキン・アクセサリーの女性が顔を出して口を開いた。

「あんたァ、自分でカマ掘っておいて、吠えちゃいかんがネェ。サツに行ったらどういうことになるんだい」
へィと言って、チンピラはもう一度、僕に向かって犬のように歯を剥いてから、急発進で行ってしまった。カーラジオを入れると、ミグ25で函館に亡命してきたベレンコ中尉や毛沢東死去のニュースをやっている。世の中にも剣呑な事件が次々と起こっているんだと、ため息をついた。すると、明るいリスムと歌声での〝ゴクロウサンバ〟が流れてきた。ＮＨＫ「みんなのうた」だ。

おひさま　おひさまごくろうさん
毎日きまって　東から　きちんと西にまわるのね
たまには夕やけ小やけなど　サービスしなけりゃならないし
ヒーハッハ　ヒーハッハ　ゴクロウサンバ
ゴクロウ　ゴクロウ　ゴクロウサン

若い日の僕の様々な経験を乗せて走った〝ダルタニアンの馬〟は、こうして最後に辛口の教訓を残してくれた。日々の生活の中にも、平和なはずの世の中にも、まさに交通事故のような思わぬ落とし穴があることを、時には悪意をもって生きている人もいることも。そして、ダル馬最期の〝白鳥の歌〟が、〝ゴクロウサンバ〟だったにちがいない。

数日後、白いスポーティなクーペがやって来て、〝ダルタニアンの馬〟はディーラー氏の運転を嫌がるようにイグニッションを空回りさせた後、グルルル……、ブ、ブ、ブ、ブスブスブスと言って走り出した。僕たちは並んで、ご苦労ご苦労サンバと二人して見送った。ある時代が去っていったのだ。

クーペのドアを開ける。新車の匂いがする。運転席はいかにもシャープでメカニカル、コックピットと呼ぶにふさわしい。複葉プロペラ機からジェット機に変わったようだ。イグニッションをまわす。ルルル……と軽快にエンジンが回り、尾底骨に振動を与えることもなく滑らかに走りはじめた……。

この頃、カルピスはやたらに酸っぱいサラダやマリネを作り、自分だけは美味しい美味しいと食べている。泰西美人画のように、ややお腹が突き出ている。青息吐息の〝ダル馬〟が、最後のドライブ旅行でコウノトリをしてくれたようだ。

僕たちの生活も新しいステージに入ろうとしていた。そして、若さに溢れていた。

何とかエレファントロップスを追い払い、やっと話すことができた。何年か後、“ダルタニアンの馬”に同乗することになる。

東独のトラバント。わが“ダル馬”も同じようにくたびれ果ててガタピシだった。

さらばビックリ長屋、さあ行くぞ

昭和五四年（一九七九年）一月十五日、晴。結婚記念日。

東京の東邦大学附属大学病院に入院している祖母の見舞いから戻ってきた。横行結腸ガンで、暮れから具合が悪くなり、叔父夫婦が交替で泊まり込んでいるということで、せめて一晩だけでもと、昨日からショート・リリーフで看病しに行ったのだ。ついこの間、松の内には言葉を交わせたが、今度はうなっているだけのおばあちゃんだった。

三年前の今日、僕たちの結婚式には、祖母は自ら茹でた伊勢エビを持って、前の晩から名古屋に来てくれていた。病気の陰りすらなくて、元気そのものだった。早くに僕の母が亡くなり、残された孫たちを慈《いつく》しんでくれた。僕なんぞには、医者になってからも折に触れて小遣いをくれたくらいだし、結婚式を迎えて、ここまで無事に成人してきてと、涙声で喜んでくれてもいた。去年の天皇誕生日には、名古屋から東京に連れられてきた孫、つまり僕の息子のよちよち歩きを、〝可愛いものね〟と目を細めて眺めていた。

その祖母に終焉が近づこうとしている。時は確実に移ろうとしている。

夕方、家に帰り、家人が台所でささやかな三周年の膳の用意をする音を聞きながら、横になってそんな感慨にふけっていた。と、勢いよくドアがノックされ、開けると警官が立っていた。堰《せき》を切ったようにしゃべりはじめた。

「アー、ご主人、ご主人ね。やっと会えた、会えた。住民調査でこの前も来たけれど。いつもいないんで、休日だったらいると思って来たら、やっと会えた。いろんなことがあるので、どんな人が住んでいるか、住民がいるか、調査してるんですわ。で、ご主人、職業は会社員？勤め先はどこ？」

「仕事は医者、名大病院」

「エーッ!! それで奥さんもお勤めですか」

「家内も医者、勤めは同じく名大病院」

「はあ、そうですか。災害なんかのときに、お医者さんがいると助かります」

失礼しますと言って、警官が帰った後、なぜあんなに驚いたのだろうといぶかった。皿を並べながら、切り口上で家人が答えた。

「そりゃあそうよ。名古屋の外れのこんなトタン張りの棟割り長屋に、医者が夫婦で住んでいるなんて誰も思わない。いくら留学に備えて貯金だと言っても、そんなもの、いつになるか分からないわよ。それにこの間、同級生のポンポン君夫婦がやって来たわね。あなたたちが学位だなんだと騒いでいた時、そこの畳の上で、赤ちゃん同士を並べてオシメを取り替えたけれど、落語の裏長屋みたいで詫びしかった。チキバン君がフィアンセを連れてきた時は、私、恥ずかしくてたまらなかったわ」

〝小長谷だから裏長屋〟、出かかったしょうもないジョークを口に呑み、言葉を詰まらせた。彼女の勤務中に赤ちゃんを見てもらう都合で、実家近くの貸家がここしかなかったので、ナバカリマンションから移ってきたのだが、彼女も自尊心が傷ついている。それに狭い空間では発想も狭くなる。そうだ、ここをおさらばして世に出て行こう。もう、破れ長屋で今年も暮れた、なんて言わないことにしよう。

二月七日、晴。また、祖母の見舞いに行く。これで今年になって四回目である。この前よりさらに具合は悪い。呼んでも答えないし、だいいち、呼吸も変だ。帰りがたい気分で、病室でグズグズしていると、銚子から父も見舞いに現れた。父も、ただならぬ容態をすぐに察したようだった。

病院前のホテルのレストランで状況と見通しを説明し、祖母の思い出をボソボソと語り合った。そして、住民調査の警官がびっくりするような長屋に住んでいるので、家を建てようかと思っているとも伝えた。しばらく黙って、父が答えた。

「若いうちは、悪いことでなければ、自分の責任で思うようにやればいい。金はあるか」

「なんとかなるよ」

その晩、父はそこのホテルにそのまま泊まり、僕は祖母の家に行って泊まることにし、叔父と叔母は病院で付き添うという。

翌朝、あらかじめ叔父に頼まれていたので、従兄弟妹たちを自動車で連れてくると、祖母はいよいよの時を迎えていた。下顎呼吸をし、鼻翼を開きながら最後の喘ぎをしていた。モニターでは心臓は動いていたが、ナースは触診で血圧を測り、その水銀柱の高さも四〇を割り、対光反射を調べ、医者を呼んだ。そして、八十八年の人生が、まさに蝋燭の火のように静かに消えた。

そして、無言で、戦中戦後の混乱期に必死で守ってきた家に帰ったのだった。

ぼくたちが〝東京の家〟と呼んでいた母の実家は、戦前の二階建ての木造建築で、空襲にも遭《あ》わなかった。まだ、社会状況が悪くなる前に建てたので、ふんだんに木材を使っていた。二間続きの座敷の長押の上には横山大観の富士の絵がかかっていた。書院があり、障子に朝の光がさした時にできる幾何学模様が好きだった。この座敷には東條夫人も来たことがある。純和風ではなく、長い廊下の反対側には、出窓に鉄の飾り格子が入っている応接間があった。そこには、娘時代の母が弾いたピアノがあったが、とっくに音程は狂っていた。

夕方、その座敷に沢山の親戚が集まり、通夜をした。米寿の死は大往生であり、残された人たちにある種の安堵と高揚感をもたらす。その頃、叔父は宮内庁次長として二重橋の中に勤めていたので、しかるべき辺りから祖母の葬儀にもお使いが立ってきた。内舎人《うどねり》の造った箱寿司とお錫が振る舞われていた。お錫とは錫の瓶子に入れられた酒のことである。

翌日の密葬もその座敷で行われ、読経がなされた。ぼくは経典の観音経の一字一句を目で追っていた。

こうして、幼くして母を亡くした僕たちを絶えず慈しんでくれてきた、〝東京のおばあちゃん〟が逝ってしまった。

二月中旬は一陽来復の頃である。湿った気分を明るく引き立たせたくもあって、まだ、日陰に雪が残るハウジングセンターを初めて訪れた。どのモデルハウスも清潔で明るくて、気持ちよい。すっきりとした家具が置かれ、そこかしこにしゃれた置物がさりげなく飾られている。当たり前のことだが、古色を帯びている〝東京の家〟とは匂いも光もちがう。もちろん、今住んでいる、〝お巡りさんもビックリ長屋〟とは雲泥の差だ。まばゆい。心はもう、家の新築に動いていた。

実は、土地はもう手に入れていた。近くの田圃の区画整理組合が、余剰地を売りに出したことがあり、入札で落とした。葦が生えていて雑雑とした六〇坪で、周囲は田圃だが、競争者と僅差であった。未整地なので格安だったが、有り金をはたいても足りず、家人の実家に借金をした。

土地の形や広さが決まっているのなら、間取りは考えやすい。ハウジングセンターでもらってきたパンフレットを開き、そしてお金のことも気にしながら、家人と資料を研究した。陸屋根で、立方体で、窓やバルコニーが少ないのが、コスト・パフォーマンスが一番よい。たとえプレハブでも、純和風建築のように見える家の方が本当は好きなのだと家人はつぶやいていた。が、先立つものは十分ではない。コスパを考えることにする。なんだか箱男の家みたい、そう言って笑いあい、次回は是非本格建築でと盛り上がった。

数日後、〝お巡りさんもビックリ長屋〟に、何人かの住宅会社の営業マンたちがやって来た。食事時の来訪や、人相が悪いのはダメ。結局、禿げかかっていて、剽軽《ひょうきん》顔の、ナショナル・パナホームに頼むことにした。アナグマに似てなくもない。家人の実家の建物も、ナショナルの初期の頃のプレハブなので、アフィニティもあった。最初の南極越冬隊用の建物をナショナルが造り、義父はそれに影響されて建てたという。

何度かやり取りした上で、間取りも決まり、イメージ図とやらと簡単な青写真ができてきた。一部二階の陸屋根で、約九四平米。一階にそれぞれ八畳のダイニングキッチンとリビング、それに僕の城である書斎。大きな窓と小さなドアだが、部屋には暖炉はない。が、壁には作り付け本棚がある。二階は一〇畳に床の間の和室と九畳ほどの予備の洋室、将来は子供部屋にする。それに広々としたテラスだ。日光浴もできる。

アナグマ氏はこちらの資金の心配までしてくれる。曰く、住宅金融公庫がいいですよ。曰く、借金は年収の五年分まででしたらどうにか返せます、と。そうは言っても、若干三十歳でこれが限度だというほどの借金はするつもりはない。それに、いつか海外留学もしてみたいし、なにがしかの予備費は考えておかなければならない。留学経験者たちは、最低でも二万ドルくらいは手元になければと言う。六百万円強だ。だから、コスト・パフォーマンス重視だ。で、しばらくは、家人とお金の計算を繰り返した。幸い、僕はゴルフも飲み歩きの癖もなく、彼女も宝石や服に興味はあまりなく、二人とも地味生活で浪費癖はない。〝お巡りさんもビックリ長屋〟の家賃も安い。それに、二人とも若い竹の子医者ではあっても、二重連の機関車で働いていけばなんとかなる。

三月八日、曇のち雨。建築会社と契約。黄色い紙に小さい字でビッシリと契約内容が書いてあり、いくつもサインしては実印を押し、割り印も押す。その都度、いよいよ自分の家を建てるのだという実感が湧いてくる。

書類には金融公庫の申込書もあり、火災保険の書類にもサインしなければいけない。どれもが条文をきちんと読んで、内容を吟味しなければいけない。が、そうは思いつつも目は字面をスゥーッと追っていくだけである。詐欺師が体のよい話を言葉巧みに持ち掛けて、引っ掛けてくるというのは本当にちがいない。だから、最初から信用のある会社でないとまともな取引はできないのだ。アナグマ氏がキツネに似ていたら、もっと慎重になるだろう。大手住宅メーカーということで信用する。

書類を交わした後、建築中の同じタイプの家を案内しますと、アナグマ氏の運転する自動車に乗った。最近急速に都市化している、名古屋東部地域である。ちょうど十年前、ぼくが初めて名古屋に来た頃、インターチェンジを降りた東名高速バスが何もない松林と畑の中を走っていた辺りである。

「この辺に、研究室のオーベンの、偉い先生様の家があるよ」

外を見ながら家人にそう言った。すると運転席のアナグマ氏が振り向いて、感に耐えない声を出した。

「え、あの先生様をご存じなんですか。大変なものですよ。ここいらの大地主で、身上持ちですよ」

「へー、うちの研究室にもそんなお金持ちがいるんだ」

先生様の、自信満々の顔を思い出し、美田を残してくれる先祖がいたんだなと思った。その割には結婚式での熨斗袋の中味が他のドクターたちの半分だったことも、つい思い出す。

こちらは、美田どころか残すほどのものはなしの親の子に生まれ、まだまだ人生の駆け出しだと、自分の手のひらを見てみた。まずは、四角い段ボールのようなプレハブの家だ。それでも、本物の段ボールハウスよりはまだよい。これからだ。

三月末日、大学院の博士課程が満了。予備校時代を含めて保育園以来二十五年間の生徒や学生生活が終わった。十年間もつづいた母校の大学の学生証ともお別れだ。そして、二年以内に博士の学位論文を提出しなければいけない。遅れると、研究がまとまらなかったと判定されて、大学院卒の学歴がなくなってしまう。

実は、十年前の名大紛争は、他のいくつかの大学と同じように医学部での権威主義の否定から発している（今でいうならば、モラハラ、パワハラ、アカハラだ。セクハラもあったかもしれない）。で、学生や若手医師は医学博士号のボイコット運動も起こし、一年上の学年までは学位ボイコットのクラス宣言を行ってきた。大学紛争で揉まれに揉まれてきた僕のクラスはアホらしいと否決したが、それでも学位修得が前提の大学院の受験には及び腰であった。

医学部卒業まで半年足らずで、試験勉強に明け暮れていた頃、フェアレディ助教授から廊下ですれ違いざまに聞かれた。

「卒業後はどうするんだ、病院は決まったのか」

インカムに釣られて就職訪問した病院の名前を言いながら、実は神経関係の学問が面白そうだ答えたところ、間髪入れずに鋭い声が返ってきた。

「そんなところじゃだめだよ。それは、本学の一内教授が日本一だ。俺についてこい」

すぐに、神経内科学権威の大先生の部屋に連れて行かれた。フェアレディ先生の色々と売り言葉に耳を傾げられ、いくつか簡単な質問をして僕を確かめてから、大先生は仰った。

「じゃあ大学院を受けなさい」

ひょんなことから当面の目標が定まり、臨床科目卒業試験と医師国家試験の上に、大学院入試のためのドイツ語の勉強もすることになり、一気にテンションが上がった。何人かの仲間がやっている勉強会の部屋に戻るいやいなや黒板に走り書きした。

"Now, I will do ! Let's go!"

「なんだ、どうした」と聞かれ、「大学院だ」と答える。

と、「じゃあ、俺も行く」とポンポン君。

「待ってくれ、俺を置いて行ってくれるな」とエレファントロップス君が続く。

こうして、卒後直入の院生は三人となり、心強くなり、四年がすぎた。外科を専攻したポンポンは、今年中に〝連隊旗〟をとるのだ、夜に出るよすがにするのだと言ってもう学位論文を書き始めている。卒業証書なんぞよりは訳ありげに荘重に映る学位記をそう呼んで、君はいつだと突っついてくる。大学入学直後のストライキではモラトリアムだゆっくり行こうと言っていたはずなのだが、今はちがう。そして、基礎医学に移ったエレファントロップスは早々とアメリカに留学しているし、腎移植修行中のチキバンも近いうちにロスアンジェルスに行くという。友がみな我より偉く見えてきて、なんとなく焦りを感じてしまう。家人と親しみながら花を愛でる庭が欲しくなった。

四月一日、雨。鈴鹿にある国立療養所に厚生技官の辞令をもらいに行った。ひなびた田舎の冴えない二階建ての建物で、庁舎内も人気がなく、活気が乏しかった。それでも、この病院は難病の筋ジストロフィーの専門病院である。大学院時代は、震えたりよろめいたりといった、中枢神経障害による異常運動の臨床や実験的な研究をしていたので、巾を広めるつもりで、今度は筋肉病を診《み》ようと思ったのだった。

その筋ジス病棟に足を踏み入れた時、理屈抜きに衝撃を受けた。肌が粟立った。背骨が変形してねじれた体にやせ細った手足で全く動けない、それでいて大人びた顔つきの少年たちが何人も畳の部屋に寝ている。その間を白いパンタロンのナースが行き交って世話を看《み》ている。これは大変だ、とんでもない病気だ、そう感じた。教科書で覚えたような生半可な知識など、この現実の前にはなんの意味をも持たなかった。一方で、しっかり研究して、この難病を突き止めなければとファイトも湧いた。

こうして、ぼくは自動車で高速道路の片道五〇キロの通勤をするようになった。かの青息吐息だった〝ダル馬〟では、この長丁場はもたない、途中でエンコしてしまうに違いない。車を替えて良かった。幸いまだ世の中は牧歌的で、緩やかな勤務条件であり、病院から研究と研鑽のために大学病院に派遣ということになっていた。なんだか、主客転倒の建前である。救急患者も来ないので、当直の晩は学位のテーマの実験のデータ整理や論文執筆に費やすことができた。人気の少ない医局のテーブルの上一杯に資料を並べて、ポケコン（ポケット・コンピュータ）や電卓と格闘しながら、製図道具でグラフや図表を作り始めた。それを見て、口の悪い若い職員などは〝小長谷土木設計事務所〟などと、陰口を叩き始めた。

五月。学会シーズンである。初めての大きな学会の発表で、学位論文の内容を報告した。大学院時代の総決算であり、将来の進路にも影響を与えるので、かなりのプレッシャーで、久しぶりに頭痛発作があった。新婚早々の時期の毎週末に、まだ新車だったクーペのコスモを走らせて浜松まで実験を覚えに行き、午前様になって帰っていたことや、フェアレディ先生のラボでブタの副腎から酵素を精製し、それで実験系が確立できて感動したこと、日中の診療を終えてからの実験で夜遅く〝ビックリ長屋〟に帰った毎日などを思い出しながら、スライドを作り、講演原稿を練った。

一方、家の方はというと、契約をして二カ月も経つのにも、ハウスの形がちっとも見えて来ないのもストレスである。建築会社と契約し、設計図やら内装やらと細かい打ち合わせもしたというのに……。住宅金融公庫の申し込みやら審査、決定というプロセスが滞っていて進まないという。

ストレス・ストレスと言っているばかりだと、ますますストレスなので、久し振りに家族ドライブで遠出をした。行き先は信楽《しがらき》。新しい家にマッチするような傘立をという家人の希望だ。信楽は山の中の盆地である。自動車専用の名阪国道から細い山道を蛇行する、名ばかりの国道をグチャグチャと走らなければいけなかった。膨らみかけた家人のお腹を気にしながら、慎重に運転してしばらく行くと、少し開けてのどかな春霞の田園景色になり、ところどころの茶碗屋にタヌキの置物が目立つようになった。と、突然、後の座席の息子が外をさして叫ぶ。

「ドゥドゥちゃん、アレアレ」

見ると、ひときわ大きな二メートル以上もある信楽焼のタヌキが道端に立っている。例の、大福帳を持って菅笠を阿弥陀にかぶった、八畳敷のタヌキである。

「あれは、タヌキ、タヌキさんだよ」

「タンギー、タンギー、ドゥドゥちゃん、タンギーちゃんネ!」

四月に二歳になったばかりの息子は、幼児言葉なりに急速にボキャブラリーが増えている。ドゥドゥちゃんとはお父ちゃん、お母ちゃんはカークンだ。

信楽の焼き物屋には茶碗食器の類はもちろん、ありとあらゆる造形、スカルプチャー、オブジェが並んでいた。五重の塔もあれば、ベン・ハーの馬車も駆けており、その向こうにはミロのヴィーナスらしい、ボテボテのヌードが科《しな》をつくっている。見ていて面白い。値段も千差万別だ。たとえ傘立てでも、土管としかいえないような安物から、見た目もカラフルかつ繊細で、大名道具なみの値段の物もある。これは安普請の家にはかたじけない。こういう時、つい何かを物色したくなるのは、父親ゆずりの買い物遺伝子かガラクタDNAが作動するにちがいない。で、傘立てと、高さ四〇センチほどのハニワの馬を買った。いかにも信楽らしく赤茶けた焼き上がりの奴だ。

「ワニワのおウマちゃんだけでなく、タンギーちゃん、タンギーちゃんも」

息子がわめきだした。地頭の強情さは知らないが、泣く子には勝てないのは、ドゥドゥ・カークンといえども世の親と同じだ。六百円の小振りのタンギーも携えて、ビックリ長屋への家路についた。

六月十日、晴。やっと地鎮祭だ。青空の朝はいかにもこの日にふさわしい。指定された時刻に建築予定地に行くと、アナグマ氏たちも来ていた。現場を仕切る若い建築主任に紹介された。

しばらくして、ハカマをはいたおじいさんが、自転車で箱と笹竹をくくり付けたリヤカーを引いてやって来た。

「やあ、お宅が施主さんかね、若いのに感心なことだなも」

年相応の名古屋弁である。敷地の四隅に笹竹を立て、綱をめぐらし、祭壇を組み立て、アナグマ氏の持ってきた酒と野菜を三方に乗せて供えた。そして、平安時代の衣装（袍）を箱から取り出し、冠をかぶって笏を持って礼をした。神主さんは祭壇の前で祝詞を上げる。初めは小さな声で、やがて大きくなってなにかを祈願しているが、音節が不明瞭でよく分からない。コナガヤのマサアキとヨオコの……というところだけは聞き取れた。やがて、モーオッと大きな声を出した。

僕たちは神妙な顔でお払いを受け、玉串をささげた。神主さんが四方の笹竹にお神酒を注いで地鎮祭は終わった。

その日から、息子の遊びのレパートリーが一つ増えた。両手を合わせて頭を下げてはしゃぎながら叫んでまわる。

「カンギーチャン、マンマンマ！　カンギーチャン、マンマンマ！」

カンギーちゃんは神主さんで、マンマンマは祝詞やお経のことである。彼にとって、カンギーもタンギーもマンマンマも同じようにスーパーナチュラルなのだ。

七月二日、うす曇り。上棟式。プレハブハウスの建て前はあっけない。朝から家のブロックやパネルを積んだトレーラーが何台も来た。クレーン車がつり上げて、基礎の上にのせ、積み上げていき、そして、はい、お終い。昼前には済んでしまった。それでも、いよいよ形ができてきた四角い家の前で、みなそろってコップ酒で飲み、スルメをかんだ。上棟式である。形ばかりの乾杯をする。

僕が子どもの頃、何度も建て前の酒盛りがわが家にもあった。終戦後の急造のささやかな二階建ての家を、ちょくちょく増築したり、町工場の建物を造ったりで、そのつど大工さんや工員さんたちに酒をふるまっていた。気合いが入った発声の木遣があり、ざれ唄があり、最後は軍艦マーチで、遅くまでにぎわっていた。もちろん僕は酒を飲みはしなかったが、父の脇にチョコンと座り、ご馳走のお相伴にあずかり、あわよくばビールを一口、ゴクンと盗み飲み。何時《いっ》になない、にぎやかな雰囲気が好きだった。そして、翌日から大工さんが木を切り、カンナをかけ、打ちつけて、家を造っていくのを、すぐそばで目をみはって見ていた。薄くて細長いカンナ屑が楽しく、木の香りがかぐわしかった。

なので上棟式と聞くと、その頃の建前の情景が思い浮かんだ。が、自動車時代の今日、大工さんたちも酒飲んでの宴会なぞはできませんよ、とアナグマ氏。そして、誰と誰にお心ばかり結構ですからよろしくと囁いてきた。もちろん、彼のご祝儀も忘れてはいない。ともあれ、酒盛りを取り持つわずらわしさがない代わりに、人生の一大事の家をつくるというのに、晴れがましさも乏しかった。

それでも、クレーン車がブロック遊びのように骨組みをし、外観を整えていく様を、息子はアーアと声を上げげながら眺めていた。

七月二十日。夕立。アルバイト先から、大学病院に寄らずに、そのまま工事現場に直行する。しかし、今日も進捗していない。上棟式の日からなにもできていない。毎日毎日、今日こそはと思いながら寄ってみるが、いつも期待外れ。ハウスはドンガラで巨大段ボール箱みたいなものだ。ある時などは、近所の悪ガキどもが、中でチャンバラをしていた。実にイライラする。舌打ちしながら見上げていると、重い鉛色の雲から、大粒の雨が降りはじめた。稲光がして、雷鳴がなる。カンギーチャンの神様もお怒りになっているにちがいない。夕立を避けて中に入ると、スズメが梁《はり》に何十羽も並んで留まっていた。ア〜ア、とうとうスズメのお宿になってしまったと、〝ビックリ長屋〟に帰って家人につぶやく。

七月三十日。そろそろタンギーちゃんとお腹がいい勝負になってきた家人と、息子を連れて穂高から松本にかけて三泊のドライブ旅行に行き、戻って来ると、四角い家の前に小型トラックが停まっていた。中から木を切る電動のこぎりのモーター音がしている。のぞくと、大工さんが二人、根太をわたし、床を張る造作をしていた。

やっと本格的に工事が始まったのだ。ここしばらくの間、モヤモヤした胸の中に、ランプの灯がともったような気がした。大工さんの、トントントンとリズミカルに釘を打つ音が心地よかった。

それからは、大学病院からの帰りに寄っては、今日はリビングの床が貼られた、今日は間仕切りの壁が立ったと見て回った。〝ビックリ長屋〟での夕餉《ゆうげ》はあと何回もないだろうが、そこの食卓で工事の進み具合を家人と語り合うのが楽しみとなった。

丸顔でがっちりした体つきの大工さんは仕事が忙しいのか、こちらが休日でも来ていることがある。名古屋からやや離れた刈谷市の木俣工務店と、トラックには書いてあった。聞いてみると、あの中日ドラゴンズのキャッチャーは従兄弟という。そして、

「いかんわなあ、あんな戯《たわ》けらしいコマーシャルなんかをやっているから、チームの験《げん》が逃げていくわな」

と呟いた。ここしばらく前から、民放ラジオで流されている、木俣捕手とバッテリーを組んでいる星野投手でやっている仏壇店のコマーシャルだ。そこの社長が木俣選手と友人だという。

「ナガタヤダ〜、ナガタヤダ〜、長田やの仏壇ホシィノ〜。お〜、キマッタ！」

ほんと、戯《たわ》けらしい。

別の日、大工さんはこうも呟いた。

「プレハブの家は、何でもかんでもパーツを工場から持ってくる。ほら、階段までこうやってキットなんで。大工はそれをトントンと打ち付けるだけだで、腕が鈍ってくるわ。自分で造作をする方がずっと面白いけれど、こうでもしないと仕事がないのでしょうがない。こういうのを〝叩き大工〟と言うんだわ」

それでも、そのトントンと叩く音のたびに家の内部の造作が整って行き、やがて、壁や床の内装張り、作り付けの家具やキッチンやバス・トイレの水まわりと、面白いように家が出来上

がっていくのが楽しい。やや残念なのは、本格建築ではないので、木の香りよりは接着剤の臭いが漂っていることだった。

この夏、珍しいこともあった。なんと、わが母校の銚子高校が夏の全国高校野球選手権大会に出場したのだ。学業も野球部同様にマイナーとはいえ一応は進学校である。中学までの野球少年だった同級生は、甲子園常連であった銚子商業にみな進学していた。それが地区大会を勝ち進んで甲子園の地を踏んだのだ。まさに晴天の霹靂。で、試合当日には僕も飛んで行き、大漁旗が翻る応援席で忘れかけていた校歌を調子良くがなり声で歌った。校名と同じ銚子君が四番でエース。中盤まではリードしていて気分が盛り上がる。ところがである、その銚子君がピッチャー返しを顔面で受けて降板。後はワンマン・チームの悲しさ、7—3の負け戦になってしまった。あー、つまらない。

ともあれ、八月の終わりには、家はほぼ完成し、細かい修正や、パナホームの工事点検作業に入っていた。

新居の家具も選ばなければいけない。十一月が予定日の家人が動けるうちにと、デパートや家具店を巡り、椅子やテーブル、カーテン生地などを見て回る。書斎の机も決めた。この際だと、一生ものも誂《あつら》えた。部屋に敷き詰めて楽しく笑って暮らすための絨毯だ。ただし、ブルーではない。二月に亡くなった祖母からのお金をあてて、通常のものよりは織り目の細かい（そして重い）臙脂《えんじ》にボタンの花柄の緞通にした。きっと、魔法の絨毯のように、僕たちを明るい未来に運んでくれるに違いない。

九月八日。家屋引き渡し。九月十五日に引越しが決まり、その前日の夕方、子どもと二人で真新しい四角い家に行き、まずはリビングボードの棚の上に埴輪のウマを置いた。五月に信楽で買い求めた〝ワニワのおウマチャン〟だ。わが新居への魁《さきがけ》だ……。

四角い家での新しい生活が始まった。まずは引っ越し荷物の整理だが、家人は身重である。で、よろず全てがそうであるように、僕は汗をしたらせながら彼女の仰せに従う。

そうこうしているうちに、家人は臨月に近づきつつある。こちらの準備もいる。超音波検査では、骨盤の形で女の子らしい。で、ベビーベッドにピンクの産着や肌着、おもちゃのようなベビーシューズに囲まれながら、僕はカミングベビーの名前を考える。勤め始めた〝鈴鹿〟の語感は悪くないので、涼香にしようか、鈴華にしようか、いや寿々佳がいいか、いっそう仮名にしようかなどと、字画を考え始めた。

ところが、好事魔多し、家人が産科受診で切迫早産の可能性があると言われた。新築だ、引っ越しだ、買い物だと、あれこれ忙しくやっていたせいかもしれない。自転車なんかに乗り回すからだと主治医の助教授に叱られたという。我が家の新居の四角い家は田んぼの中の一軒家であり、自転車は必需品だったのだが……。ともあれ、自宅安静で、一日中床につくことを命じられ、家事はお手伝いのおばさんに来てもらうことにした。そして、慰めに枕元に行った僕は、「赤ちゃんにあなたの病院の名前をつけようとするから、こんなことになった」と恨み言を言われた。

これが、四角い家での最初のイヴェントである。

十一月五日朝、破水が始まった家人を車に乗せ、お腹の痛みを気にしながらも、慎重に運転して大学病院に行く。産科へ入院の手続きをし、病棟に彼女を連れて行ってから、地下の自分の研究室で白衣に着替えた。教授会に提出する学位審査書類の点検に没頭し始めると、家人から電話があった。まさか、不測の事態かと緊張しながら受話器を取ると、のんびりした声で、まだ時間がかかりそう、お腹が空いたので、今のうちにサンドウィッチを食べたいから、付き合ってちょうだいねと言う。二人目ともなると、落ち着いたものなのだ。安産だといいねと言いながら、早いランチを二人で病院地下の喫茶室で摂った。

落ち着かない気分で、自分の病棟に行ったり、研究室で書き物をしたりしながら午後一杯を過ごし、やっと夕方になって電話が鳴った。研究室の秘書さんが産科病棟からですと、取り次いでくれた。

「おめでとうございます、無事お嬢さんが誕生です、二八五〇グラムです」

早速行ってみると、髪の毛の多い赤ちゃんだった。小柄でしわくちゃで、お猿さんみたいな顔で、小さな手足を動かしている。ナースに促され、この子の行く末に幸多かれと思いながら、抱っこしてみた。柔らかくて、頼りなさそうで、壊れそうだった。こんにちは、赤ちゃん！

十一月九日、家人と赤ちゃんが大学病院から帰ってきた。家人の両親を交えてのささやかな祝膳を用意する間、リビングに置いた揺りかごに赤ちゃんを寝せる。すると、息子が寄ってきて、恐る恐る手を伸ばし、やがてゆっくりと赤ちゃんの頭を撫《な》で始めた。いかにも、小さなお兄ちゃんが、この世に生を受けたばかりの妹をいたわっていた。僕はカメラを手に取り、その有り様をフィルムに収めた。誕生の翌日に連れて行った時は、初めて見る赤ちゃんに驚きの表情をしていたのだが……。

赤ちゃんの枕元には名前を墨書した紙を置いた。この子にも、わが家にも、これからさらに明るい陽射しが射し込むようにと思いを込めて。

実は、その秋は出産する家人に気遣いながらも、博士論文審査に注力していた。引越しが済み、心の余裕ができてから意を決して教授室の扉をノックした。まだ早いと言われるのではと心配しながら、恐る恐る学位申請の相談をした。

「この間の学会の発表内容でいいがや。学会の編集委員会から掲載通知があったら、申請すりゃいい」

大教授は、戦艦大和にも乗り組んでいた元海軍軍医大尉だが、名古屋弁である。

「もう、アクセプトの通知がありました」

「じゃ、進めりゃいい」

論文は、神経伝達物質やペプチホルモンが運動失調の動物的モデルにどう影響するのか、治療法開発の可能性を探った実験結果である。最近の大教授と研究室の研究テーマでもある。データをまとめながら、新知見なんだと舞い上がり、世界を取った気分で論文の筆を走らせたものだ。

学位申請の手続きなどのプロセスを先輩ドクターに教わりにいくと、まずこう言われた。

「わしの学位申請の時は、まだボイコットの流れが強くて、大先生にあの仕事（研究）で出せと言われて、周りの目を気にしながら恐る恐るやったものだ。紛争のときに一緒だった連中になんとなくて後ろめたくてね。仕事はできていても、踏み出せん奴がたくさんいたさ。あんたは、若くて怖いもの知らず、さっさとやっていく。フフフ……。大したもんだ」

そして、細々した手順を教えてくれて、最後にこう宣った。

「主査は指導教授の大先生のままなのでいいが、副査は教授会で二人選ばれる。大変な教授に当たるとワヤだ。日頃は廊下ですれ違ってニコニコ挨拶してくれる先生でも、学位審査となると人が違ったようにぞんざいな口調になり、権威主義で横柄な態度に豹変する。特に基礎医学の人は厳しい。あんたの研究内容からすると、副査は二人とも基礎かもしれないぞ。フフフフ……。審査書類の最後に、申請者は立派な学識があると書かれるが、それは教授連からの無理難題にもへこたれず、プッツンしない忍耐力と人格があるという意味と思えばいい。フフフフ……」

傍で聞いていた別の先輩が付け加えた。

「それはですね、主論文の要旨という冊子を印刷屋で作ってもらい、五十部を提出するんです（まだ、ワープロもパソコンもない時代だった）。専門からかけ離れている分野の教授たちは、審査論文の内容に興味がないし、多分、分からない。それでも、学位審査の会議で居眠りするわけにはいかないので、字面だけを追っている。そこで、誤字脱字に気付かれると、いい加減な論文だとされて、御破算になってしまう。だから、主論文の要旨の校正はしっかりとやって下さい。フフフ……。僕は刑務医務官の身分だから知っていますが、大学の生協は割安だけど、某刑務所の刑務事業で印刷してもらっている。どうも、活字拾いの腕がいいのが出所したらしい。だから、最近は誤植が多いという話ですわ。学位申請はそいつが戻って来てからの方がいいかも知れませんヨ。フフフフ……」

アドヴァイスで安心するつもりだったが、ストレス倍増だ。それでも、どこかのコソ泥がまた悪いことをして捕まるのを待っているわけにはいかない。

十一月六日、赤ちゃん誕生の翌日、やっと書類が整い、教授会に学位申請した。主査は大先生、それに二人の基礎医学系の教授が副査に決まった。大先生とは、研究計画立案や論文執筆の時点で十分ご指導いただいているので、新たな試問はない。副査の先生たちには、早速アポイントを取って伺い、口頭試問を受けた。一人目の副査は、臨床の教室からの研究なんて大したもんではないだろうという口調で、僕に論文内容の説明を促した。が、一時間ほどレクチャーするうちに真顔になり、最後にこう仰《おっしゃ》って励ましてくれた。

「この論文には面白いことが書いてある。君の考察がそのまま正しいかどうかは分からないが、事実は事実で残る。これからも頑張りたまえ」

別の副査は厳しかった。目の前で論文原稿を一ページ一ページ捲《めく》られながら三時間も諮問された後、こう言われた。

「君が、一生懸命に実験したことは分かった。その通りだったとしても、理論の組み立てはそれでいいのかな。頭を冷やす意味で、カクシカジカのことを、レポート用紙二十枚くらいに書いて、二週間後に持って来なさい」

二週間後、今度はそのレポート内容に付いて、さらに二時間も諮問された。基礎医学そのものの内容で、その道の大家に質問されるのだ、しどろもどろの返答になり、初冬だというのに汗が滲んできた。だんだんと学位は遠退《の》いて行く気分になり、目の前も頭の中も真っ白になりかけた頃、まあいいだろう、それなりに勉強したようだと言って、審査結果の書類に判を押してくれた。この副査教授の試問とレポートには大量のアドレナリンを消費し、どっと疲れが湧いてきた。

その審査書類は、次のように書かれていた。

「……以上の試験の結果、本人は深い学識と批判力ならびに考察力を有するとともに、内科学一般における知識も十分具備していることを認め、主査合議の上合格と判定した」

事前に、医学部の教務課から審査書類の雛形を渡され、ご自分の学位申請内容に沿って完成してくださいと言われていた。一カ月ほど前にクラスのトップを切って学位をもらったポンポン君が、吉田司家からのお相撲の横綱免許みたいなものを自筆で書かされると言っていたが、これかと思い、緊張しながらも内心ニヤニヤしながら清書した。

十二月十八日、学位審査の教授会で「心技体が備わっている」と認められたのだろう、医学博士授与が承認された。教授会での口頭試問は、大学院入学時にすでに済ませているので、他の申請者に比べて幾分かはストレスが軽かったたかもしれない。

そして、十二月二四日、他の新博士たちと一緒に医学部長室に呼ばれて、学位記を渡された。実は、医学部長も大教授先生だった。

「おめでとう。だが、これで終わりではない。第一歩だ。これからもしっかりと頑張りたまえ」

学位記授与の後でフェアレディ教授を訪ねた。

「君も、いよいよ博士様か。いつまでの学位ボイコットではあるまいと大学院を薦めたんだ。ポンポンにしろエレファントロップスにしろ、学生時代からの君たちが育って来て、我輩も本望じゃ。まだ先があるぞ、ニャンニャン……」

ご機嫌がいい時の、ネコ真似をされた。

暮れなずむ頃、学位記とクリスマスケーキを携えて四角い家に帰った。早速、学位記を額に入れ、これがポンポンの言う連隊旗かと思いながら、書斎に飾った。すると、息子がガクイキ、レンタイキ、ランランラと、カナリアのような声でまとわりついてきた。リビングのベビーベッドの上では、赤ちゃんの泣き声がする……。

昭和五四年の大晦日。〝東京のおばあちゃん〟の他界から始まったが、ビックリお巡りさんに押されて四角い家を建て、娘が生まれ、博士になりと、やったぜベイビーの年だった。きっと、おばあちゃんが向こうでも見守り続けてくれているに違いない。入れ替わりのようにやって来た赤ちゃんはもうホッペがふっくらとしてきている。この年が、彼女の名前のように、後になって暁の年として思い出せるようにと祈らずにはいられなかった。

隣の浄栄寺の除夜の鐘がしみじみと響いていた。

ドンガラだけの四角い家は、巨大なダンボール箱のようだった。

インド経由のエクソダス

平成元年（一九八九年）十月二一日。

朝早く、子供たちを家人の母に託してから、伊丹空港から成田に飛び、そこでしこたま待たされてから、エア・インディアに乗り込んだ。最初の寄港地バンコクまでに、機内持ち込みの本はみな読んでしまい、生あくびを噛み殺すだけになってしまった。幸い、ベンガル湾上のフライトでは、夕暮れの空が美しく、スチュワーデスも若いインド美人であった。トランジスター・グラマーのナイスバディで腰はくびれ、顔の彫りは深く、神秘的なまなざしでムガール朝の細密画のようだ。さすがカーマスートラの民だと、あられもないことを考えないでもなかった。が、運動をせずに、次々と出てくる機内食を食べるので、ペキンダックかフォアグラ・グースになった気分でもある。そして、心の中に重苦しく垂れ込めていた鉛色の雲はうすれつつあった。

昨年春に波乱に満ちた人生だった父が逝き、今年の正月早々には在位六十三年余で昭和天皇が崩御されて、生まれてこの方の心の支えがなくなってしまった。日本中が自粛ムードになってしまい、その上、奉職先の大学の教室にも暗いムードが漂っている。

実は、教授の先生様とケミストリーが合わないのだ。僕だけではなく、助教授までもが、「ポーランドのワレサ連帯議長は立派だね、自由化運動で鉄のカーテンが開かれるといいね、うちも……」と言い出す始末だ。が、ここで気の利いた言葉を吐きでもしたら、すぐにご注進するシッポ振りがおり、教授様のお怒り倍増は必定だ。だから、同じ教室員の家人と二人で国際学会に出てしまえば、しばらくはゲジゲジとおさらばだ。

成田で求めたバーボンをチビチビやりながら、そのようなことを考えているとボンベイ（現ムンバイ）に着いた。出発以来二十時間。まずは、かったるくなった足を伸ばして歩きたいと、飛行機の外に出た。インドの第一印象は、油臭いであった。アラブでも油の国でもないのに、蒸し暑い空気の中に油の匂いが充満している。大気汚染が進んでいるのだ。インドの電力事情は悪く、空港ビルの照明は薄暗い。陰気な通路を重い足取りで辿っていると、「ハリー、ハリー」と空港職員にせっつかれ、小走りで乗り継ぎ便のボーイング737に向かった。タラップを駆け上がり、エントランスからカーテンを開けると、中は明るい原色があふれかえっていた。赤や黄色、水色のサリーとターバンとで色彩の洪水、みな屈託なさげに明るい。この世の中は棄てたものではない、こんなにも鮮やかな光に満ちあふれてもいるのだと、思った。

まどろむ間もなく一時間ほどでニューデリーに着いた。長い一日で、くたびれた。薄暗い空港のバゲッジ・コンベヤーの前で待つが、スーツケースが出て来ない。同じ学会ツアーの人たちはさっさと引っ張り下ろしているが、僕のはいつまでも出て来ない。イライラしていると、添乗員氏が僕を呼ぶ。側に空港職員らしい制服もいる。嫌な予感だ。案の定、僕の荷物だけがボンベイに置いてきぼりだという。エッと叫び、困った、困ったと連発する。何時《いつ》来るのか。明日の九時に。じゃあ八時間後かと言うと、添乗員氏が説明する。夜が明けて日が暮れてまた夜が明けて、それが明日だと。エッと再び声を出す。三十二時間後だ。

同じ便に乗り合わせていた、さる高名な教授の小さなバッグも届いていなかった。僕の顔を知っておられたようで、発表用のものは大丈夫ですかと聞かれ、手荷物にしたので大丈夫ですと答えたら、不幸中の幸いと慰めていただいた。以前、バゲッジロスで途方に暮れたという、アメリカでのボス、マックス教授からの注意を守っていたのだ。

「マサアキ、飛行機に乗る時、ポスターやスライドは必ず身につけておきなさい。ロサンジェルスの学会に行ったとき、発表用のスライドを入れておいたスーツケースが、リオ・デ・ジャネイロに行ってしまったんだ」

ホテルに着いたのは、もう午前二時を回っていた。奈良の家を出てから三十時間近くはとうに経っている。疲れている。シャワーを浴びて、下着を洗い、そのまま眠り込んだ。同じ姿のマリリン・モンローは「私のネグリジェは〝シャネルの5番〟」と言って、香水だけをつけていたそうだが……。

翌朝、生乾きの下着で気分が悪いが、着の身着のままでは仕方ない。家人は化粧道具のないことを嘆いていた。

「日焼け止めクリームがないからインド人になってしまう」

出会った頃の彼女はカルピスのポスターのように真っ黒で、元々メラニン色素が多いのだ。大変な事態になりそうだ。ともあれスッピンの彼女を促して、ブレックファストにカフェテリアに出ると、昨夜の高名教授ご夫妻と会った。いつもは遠くからご尊顔を拝するだけだが、昨日の今日なので、そのまま同じテーブルに着かせて頂いた。思いがけないことで、偉い方とあい憐れむ仲になったものだ。ユーモアを交えながらも、悠揚迫らずに静かに話され、碩学のゆとりと感心しながら、チャイ（ティー）を喫んだ。そして、こうも付け加えてくれた。

「先生（つまり僕）は、新しい教室にもかかわらず、よく学会発表し、論文を書いていますね。この間の専門医試験も立派でした」

社交辞令にしろ、学界の高名教授に評価されているのだなと、気が晴れてくる。

数年前に、現在の奉職先の大学に新設された講座の教授に母校の先輩がなり、恩師の大先生に行けと言われて舞い上がってしまった。アカデミック・キャリアを目指すならば世に出るチャンスと、物にとらわれて人生をフイにしてはいけないと、造ったばかりの四角い家を処分し、新天地で診療に研究、学生教育と、溌剌した気分でスタートした。が、すぐに醒めてしまった。その教授の先生様が難しいのだ。何かのことでのボタンの掛け違いからか、僕と口をききたくなくなり、無視されはじめた。苦労して書いた論文原稿も、ろくに添削せずに、内容の評価はしない。それでも、ご自分が名義の白紙の研究計画書を僕の机に黙って置いて、立案を促す。では、まだ買ってくれてはいるんだと、無い知恵を絞って書類を完成し、実験もしてきた。でも、ポジティヴな声をかけてくれない。だから、よその大御所から思いがけなく誉めていただくと嬉しくなってしまう。

うちの教授様には気に食わない若手もいた。「彼奴は素直でない、専門医試験に合格したからといって生意気になってはいけない」と、その試験直前の僕にわざわざ言ってきたこともある。で、その毒気と留学直後のアメリカ呆けも加わって一度は失敗したが、次の年はリベンジした。自己採点ではパーフェクト・ゲームだった。確かに、深く勉強すると、その若手専門医医局員のムズムズ感が染みてくる。

だが、先生様は医学の勉強に熱心だ。教授室には和洋の専門書がびっしりと詰まった本棚を壁一面に巡らし、いつも机の上には本が開いてある。そして医局員には「学問上のディスカッションは活発でなければならない」と日頃仰っている。「が、どの道、真理は一つなのだ、僕が言うことが正しいのだ」とも。偉大なる教授様のプライドは高いのだ。

もちろん、教室の学会活動も熱心だ。でも、その思いが空回りしているのは、医局員のレベルか、ご指導力のためか?

去年の春、何かの英語シンポジウムでスピーチするように言われ、留学中の研究成果などを元に準備をしたが、折悪しく、父が旅行中に倒れ、入院した大学病院で末期の胆嚢がんが見つかってしまった。で、「場合によっては、誰かにスピーチをリプレースをお願いします。準備はしてあります」と、教授様に言ったところ、父の容体を聞くでもなく、剣もほろろの返事だった。

「ダメです、何が何でも君が喋りなさい。晴れの舞台での英語スピーチなんだ。死に目に会えなくても、お父さんは喜ぶはずです」

一瞬、僕は耳を疑った。厳しいながらも実は子煩悩だった父だ。そんなことを思うわけはない。歌舞伎役者でもあるまいし。たとえ上司にでも言われたくはない。

結局、父の葬儀の方が早かった。シンポの後で、猫なで声での教授様の褒め言葉が虚しく耳を通り過ぎて行った……。

高名教授ご夫妻と別れてカフェテリアを出ると、見覚えのある顔を見つけた。向こうもアレッという表情でキョトンとしている。一昨年までの留学先での同僚だ。ヤァヤァと握手をし、地球の裏側同士からやって来て同じホテルとはまさに“Small is the World”だと、大袈裟に旧交を暖めた。僕のスーツケースが空飛ぶ絨毯（Flying rug）に乗ったままだと話すと、慰め顔で、こういう国ではよくあるトラブルだと言う。いや、うちの若いドクターがアメリカでもあったよと言おうとしたが、うまく言葉が出てこない。僕の英会話失語症は相変わらずなのだ。

空港へは、添乗員氏や現地のガイド氏に何度も電話を掛けてもらったが、もどかしい。朝のうちは空港の係が電話に出ない。昼少し前には係は出たが、荷物はまだ来ていない。やがて、荷物はニューデリーに来てはいるが、係には届いていない、と。電話の度に、少しずつは近づいている。

ホテルで腐りながら待っていてもしょうがない、開き直って市内のオプショナル・ツアーに出た。日本からの学会参加者ばかりで、顔見知りが多い。デリーの街はソ連製の車ばかりで、排気ガスでむせ返っている。そして、赤い砂岩の城塞や廟に観光バスが着く度に、必ずそこにはターバンを巻いて、痩せて浅黒い男がザルの中にコブラを入れて笛を吹いている。かまわずに無視して、次の観光スポットに行くと、また同じようなのがいる。

「インドの蛇遣いは空飛ぶ絨毯に乗ってネ、観光バスの止まるところを先回りしているんだヨ」

大きな声で呟いている奴がいる。振り返ると大学の同級生、入学早々に学帽、学ラン姿でドイツ語教授とやり合った豪傑である。学ラン君は、僕と一緒に今の奉職先に赴任して来て、しばらくは先生様とケミストリーが合い、偉大なる教授様と崇め奉っていたはずなのに、突然一戦に及び、辞めて名古屋に帰ってしまっていた。

旧市街に入ると、今度は街中をウシがゆったりとたむろし、自動車が来ようが平気の平左だ。道を横切る度にバスは徐行し、ストップする。

「首都の中心部ニューデリーでは、交通渋滞を起こすので、ウシが入らないようにしていますが、ここはオールド・デリー、インドそのものですから。どのウシにもみなオーナーがいるので、撥《は》ねたら大変なことになります」

インド人のガイド氏が説明すると、学ラン豪傑が追い打ちを掛ける。

「野良ウシだな。これをみなステーキにすれば、インドの食糧問題はすぐに解決だ！」

すると、ガイド氏がむきになって答える。

「とんでもない、ウシを食べるなんて。ヒンドゥー教ではウシは母なるもので、私たちを包み込んでくれる優しいイメージそのものです」

辻の角々に小さな子どもを抱いた青黒い顔色の母親が立っていて、前を通りかかると手を差し出してくる。

「Give me money, Sir. No meal for baby!」。

今度も、学ラン豪傑が大きな声で僕の名を口にしながら話しかけてきた。

「ネェネェコナガヤ君、知ってるかい。インド政府は国際学会があると、国の恥だと言って、乞食をトラックに乗せてデカン高原に棄てに行くんだ。女子どもはお見逃しのようだがね」

バス中の顔がみなこっちを見てニヤニヤする。で、僕はこの人とは関係ありませんという顔つきで、窓の外を眺めた。

夕方は学会のオープニング・セレモニーだ。会場には、昨夜の機内と同様に鮮やかな原色のサリーとターバンが閃《ひらめ》いており、インドでかくも立派な国際学会が開かれるのはこの上ない慶びだと、学会会長は感きわまって涙ポロポロのスピーチである。やがてインド舞踊が披露され、色チョークで鼻に化粧を施した象までがユラユラとステージに登場し、たいまつが大きく振られる。

導かれるままに外の通路に出ると、半裸のターバンの男たちが大きな火桶を頭上や肩に担いで、人間街路灯になっている。かつてのムガール王朝の宮廷の催し物は、かくも豪華だったのだろう。その間を先ほどの象たちがゲストを乗せて行進していく。日本を代表して、あの高名教授の姿もそこにあった。

ウエルカム・パーティでは旧知のドクターたちと旧交を温めることができた。もっとも、日本人ばかりだが……。すると、母校の医局の先輩が話しかけてきた。

「あんたの所の先生様は来てないようだね。本当に、いつまで北朝鮮みたいなことをやっているんだろうね。偉大なる首領様のつもりかネ、あいつは! 東ドイツでは、自由化の波で書記長のホーネッカーの首も飛んだというし、君たちにも春が来てほしいね」

「唯我独尊の方なので、下々は何も申せません」

分かる人には分かっているんだと思った。これが国内学会だと、僕と親しげに誰かと一緒に話しているのを見ると、後で先生様は必ずその人のことをネガティヴに言ってきたものだ。幸い、ここには彼はいない。同じ空気を吸わないだけでも、気分は爽快である。

そこに日本人の若者がやって来た。Tシャツに短パンの汗臭い身なりで、リュックを背負っている。聞けば母校の教授のご子息で、文明の起源を見るべくパキスタンを経てやって来たという。シチュエーションさえ許せば、してみたかったアクティビティだ。前向きなアドベンチャーを許すその教授に羨ましさを感じながら、かつての僕たちのように未来を信じて疑わず、エネルギーに満ちたその若者にエールを送ってやった。

宴が終わり、ホテルに帰った。期待のスーツケースは届いてなく、航空会社から伝言だけがあった。荷物は空港には着いた、と。しかし、届けてはくれていない。明朝十時に、空港の係の窓口に来てくれとのこと。結局、二晩目も〝シャネルの5番〟だ。情けなくて、カーマスートラどころではない。

朝が来た。添乗員氏と一緒に空港に向かう。そして、学会発表の日でもある。これは昼前なので、急げば何とかなるだろう。ポスターの貼り出しは家人にしておいてもらうことにする。

空港の事務部門は複雑で、あちこちを探しまわって何とか窓口に辿り着いた。今度はやたらに、ここにサインをしろ、あの係のサインをもらえとたらい回しされ、やっと倉庫のドアが開いた。大きな机の偉そうな人に預かり証とパスポートを見せ、おもむろにその人が頷き、またサインをして、サインをもらった。下っぱ係員の扉の向こうには、様々な形と大きさと色をしたロスト・バゲッジが棚に並んでいる。床の上の小山の中に見覚えのある水色の大きなスーツケースがあった。久しぶりのご対面である。ほっとする。これで〝シャネルの5番〟ともお別れだと、機嫌がよくなり、請われるままにサインをした。入り口に向かうと、係に呼び止められ、荷物を計量され、内容を聞かれ、またサインをさせられた。先ほどの偉そうな人とまた同じことが繰り返され、さて出口。待っていてくれた添乗員氏もほっとした表情だ。

が、また係が「サー」と言う。保管料を払えである。てめえらのチョンボのくせにとムッとしたが、時間がない。トラブルは最少にと、ここはこらえて、払った。これでお終いかと思ったら、また別の係に行けと言う。何かの帳簿係がこれでもない、あれでもないと言いつつ、お喋りしながらゆっくりと帳簿を捲っている。ついに切れて、怒鳴った。

「Hey! What'you doing now! 僕は世界神経学会に来た。あんたの国の政府からの招待状もある。もうすぐ発表時間だ、さっさと荷物を出せ!」

留学から戻ってまだ日も浅く、英語でこのくらいの啖呵を切れる会話力がまだ残っており、効果覿面《てきめん》であった。その場の係員たちは一斉に「イェッサー」と言い、スイッチが入ったおもちゃのように、急にテキパキ、キビキビと動き始め、アッという間に書類ができて、万事が済んでしまった。

うんざり顔で添乗員氏と倉庫を出ると、今度は身なりの良くないインド人が寄って来た。頼みもしないのに取り返したばかりのスーツケースを持ち上げる。が、悪さをするつもりではないようで、待っていたタクシーのトランクに入れてくれた。チップ目当てかと心の中で、思わず舌打ちした。すると、その男と連れの二人ほどがサッサとタクシーの助手席に乗り込んで来た。無賃便乗である。再び怒り心頭だが、学会の発表時間に気が焦り、無視することにした。

しばらく走ってから、タクシーが交差点の中で停まった。変なところで停車するので、またイラッとし、絶望的な気分になってきた。すると、助手席の二人の便乗者が車を押して道路脇に寄せた。エンストのようである。ソ連車のボンネットを開け、中を運転手と便乗者たちが覗き、顔を見合わせてうなずき、マッチに火を点けて何かをしたら、エンジンが掛かった。今度はこちらが添乗員氏と顔を見合わせる番である、

「マッチで自動車が動いた！　インドって不思議な国ですね！」と。

ホテルに荷物を放り込むやいなや、学会会場に向かうべく、またタクシーに乗る。今度はターバン頭の運転手で、やたらに愛想よくここは大統領官邸だ、あそこはインド門だと説明し、相槌を打つと、ノートラブルとかと言って官邸の方に回り道し始めた。ここで、またイラッである。外国人相手に連れまわるぼったくりだ。声を荒げて、先ほど空港の倉庫でのセリフと同じ言葉を吐く。その剣幕に、インド人ビックリで、最短コースになったった。

やっと学会会場のホテルに着いた。足早に向かったパネル会場は、地下ガレージを改装したと思しきコーナーで、いかにも付け足しだ。留学中の経験から、パネルの方が興味を持ったオーディエンスとゆっくりとディスカッションできると思ったのだが、裏目に出た。十一時四

〇分からのセッションのはずだが、十二時になってもアメリカ人の座長が来ない。しびれを切らして会場係に聞くと、もう少しで来ると言う。少しして、まだかと問うと、知らないと答える。わしゃ日本からはるばる来たんだ、どうしてくれるんだと詰めよる。朝からのことで、語気が鋭かったのだろう、係は“Please wait, a couple of minutes”と言い残して、どこかへ行ってしまった。他の発表者はあきらめてポスターをはがし始めている。

しばらくして、カーキ色の制服にベレー帽が二人ほど僕の前に来た。アイ・アム・ドクターナントカと名乗り、握手を求めてくる。肩章に太い筋と星が三個ついている。偉い軍医らしい。パネルをレクチャーしてくれと言う。で、脊髄小脳変性症のMRIについて説明した。三つ星肩章のドクター・ナントカは、最近インドでもジョセフ病が確認されたと言って、握手してくる。ディスカッションをし、また握手をして別れた。周囲には他の演者はだれも残っていなかった。ご苦労様と家人がほっとした顔で寄ってきた。そこへ、遠巻きにして見ていた学ラン豪傑がまた口を挟んでくる。

「さっきは、あんた食って掛かっているんで、ガードマンが取り押さえに来たのかと心配したよ、クァファァファァ……」

言わんでもいいことを言う奴だ。といっても、袖すり合った旧知の仲、家人と三人でカフェテリアに行き、遅すぎるランチを摂った。

「あんたたちがアメリカ留学に行った後、大変だった。偉大なる教授様がこの新天地に骨を埋めるつもりだと言うので、俺も見ず知らずの土地について来たのに、すぐに元の大学がいいと教授選に出てしまい、挙げ句の果てに、落ちちゃった。そりゃあそうだよ、あんなゲジゲジが選ばれるわけがない。ここまでは知っているだろう？　そしたら、教授選がダメだったのは、お前が根回しなかったからだ、あっちこっちで悪口を言ったからだと、怒り始めてね。母校の大先生は、自分の教室作りを邪魔させるつもりで、お前を付けて来たのだと面と向かって俺に言ってきた。話にならんよ！　腹が立ったので、ＣＪＤ団子を造って食わせようと思った。」

クァファファファ……」

「本当にやったの？」

「まさか。そこまで馬鹿じゃないよ。ま、一緒に来たSもHも、こんなんじゃどうしようもないと、みんな揃って帰って来ちまったんだ。僕は今では、あの大企業病院の部長で給料は比べ物にならない。それに一般向けの本を書いている。近いうちに出版だ。ベストセラー確実、印税ガバガバだ。僕にも人とは違った業績ができるのさ。人生はそれなりに楽しまなくちゃ。いつもグリーン車で、飛行機はビジネスクラス。君たちも、いつまでもエコノミーではいけないよ。クァファファファ……」

　教授の先生様は、こんな有能な人はいないと学ラン豪傑君を買っていたはずだが、手のひら返しにあい、罵声を投げかけられたようだ。

「君の留学だって、やっかい払いだったんだ。あんな鼻持ちならぬ奴の顔を見なくなって清々したと言っていたぜ。先生様は、君には片道切符、ご自分はご栄転で、あとは野となれ山となれ、カラスの勝手だって」

「そんなもんだと思っていたさ。二年半前、僕たちがアメリカ留学から戻ると、先生様は、これから教室再建するので一緒にやってくれと、しおらしい態度で言ってきたよ。でも、試験管を振っていると、実験室にやって来ては、二、三分して出て行ってしまう。声をかけるのでもない。ひょっとしたら、何かのプシかな？　ある時など、実験中に足元に掃除機をかけられた。ご自分名義の研究なんだぜ！」

「偉大なる教授様のことを人に話すと、あんたはジョークが上手いね、お笑い芸人かねと言われるヨ。でも、彼を知っている人は、さもありなんともね。君たちは、夫婦でまだまだ人生修行だね。クァファファファ……」

夜、今日の発表までのはるばる来ぬる旅をし思いながら、バスタブの中で思い切り手足を伸ばす。毎晩入浴してはいたが、三日分の垢が洗い流されたような気分だ。新しい下着は、やはり心地よい。本物のシャネルが香らないでもない。

ベッドサイドのソファーで、グラスを傾けた。枕元の水差で生温いバーボンの水割を作り、一人で啜った。インド人もビックリと言うが、この二、三日はこちらもビックリの三乗である。彼らを治めながら大国を目指す指導者たちも大変だろうと思いやった。そして、学ラン豪傑などから聞き及んだことなどに思いを巡らした。

それがいけなかった。名にしおうインドの水の病魔は一流ホテルの水差しにも潜んでいて、四十三度のバーボン・ウィスキーの消毒力よりも強かった。クァファァファファァ……の毒気との相乗効果もあったにちがいない。明け方、それまで経験したことがないような猛烈な腹痛で突然目が覚め、トイレに駆け込み、腸がよじれるようなテネスムス（しぶり腹）で二時間ほど籠もったままになった。そして、しばらくは腹痛と脱水の日々が続いた。

学会発表も済ませ、やっとお腹の調子も良くなってから、タージ・マハルやミトゥナ神入り乱れるカジュラホの神殿などを巡るオプショナル・ツアーに出た。

バスがニューデリー郊外に出ると、すぐに草むらの中の青い物が目に入った。クジャクが羽を広げているのだ。あれあれと家人に教えると、周りの人にも興奮が伝わった。が、すぐに次のクジャクが現れ、そしてまた次のが……。そのうち、だれも感動しなくなってしまった。インドは動物の国で、ウシはもとより、あらゆる命を大事にする。ニューデリーの真ん中でもカラフルなインコの群が飛んでいるし、ハゲワシまでホテルのプールサイドにやって来るくらいだ。だから、インドの旅は車窓が面白い。

バスは半砂漠地帯の熱暑の中を延々と進んでいく。太陽はギラギラと熱い。小山のように荷物を背中に乗せたゾウや、長い首を揺すりながら荷車を引く巨大なラクダが、しばしばバスの前を悠然と歩いている。だが、大きすぎて追い越せない。巨大動物の後に長い車の列ができることになる。

乾いた景色にいい加減うんざりした頃に、アンベール城という古城の麓に着いた。波止場のような岸壁から、立ったままのゾウの背中の振り分け篭に二人ずつ並んで乗り、ゆらりゆらりと揺られて坂道を登って行く。ゾウは片側の前後の脚を同時に出すのでローリングが強く、嵐の中の船のように揺れて乗り心地が悪く、目眩《めまい》がする。やっと山の上の宮殿の岸壁に着くと、船酔いならぬ象酔いで足元がふらついた。と、首にまたがっていたゾウ使いに抱きかかえられ、ゾウの頭に座らされた。尻の下でじかに触れるゾウの頭の座り心地は、ゴツゴツと骨の上に敷かれた温かく脈打つストゥールのようだった。ゾウ使いは写真を撮れ、チップをくれと言った。座らされたのは、こちらの足元のふらつきへの心配ではなく、財布の小銭が狙いだったようだ。一〇ルピーやった。

赤い砂岩の宮殿のテラスにはサルが跳ね回っていた。ドーベルマンのようなスラリとした体型で、バネ仕掛けのように機敏で格好いいハヌマンだ。猿神の使いで、孫悟空のモデルらしい。長いムチのような尾を波打たせながら、数頭の群れで駆け回っている。チーターやグレイハウンドのようにしなやかに動き、リズミカルである。そのうち、二匹の雄が激しく動き回り、砂岩でできた欄干に駆け上がり、そこから東屋の屋根にジャンプする。空中戦のようだ。大きく歯を剥いて威嚇し合い、組み合っては離れて飛んでいく。縄張り争いかハーレムの争奪戦か。ハヌマンからすれば真剣そのものだが、見ている人間様にはハリウッド映画のアクションのようで、ただ面白い。きっと、教授選にしろ、戦争にしろ、西遊記でもなんでも、人間社会の諍いなんか、サルやゾウから見ればそんなものにちがいない。教授と医局員のいざこざなんて、サルも食わないだろう。

しかし、当事者の僕は、ここで潰れてしまうわけにはいかない。人生が掛かっている。今までのキャリアや研究業績はなんだったのだ。なんとか折合いをつけて、それらを生かせないのか。いやダメだ。もう限界だ。大事なことは自分が自分の人生の主であることなのだ。そして家族……。

城壁から周囲を見渡すと、赤茶けた灼熱の大地が広がっていた。夕方近くなっても太陽は真っ赤に燃え、吹き出した汗はすぐに乾いて白い塩の粉になる。家人は日焼け止めの厚化粧をし、顔をスカーフで覆っているが、インド砂漠の強力紫外線を防ぎようがなさそうで、カルピス・ポスターに戻りつつあった。

かつて、この乾いた大地では何度も民族同士のせめぎ合いが行われてきた。つい、数十年前にも、インド独立時での混乱でできた難民の群が行き交っていた。今の僕たち夫婦も寄る辺がなく、難民みたいなものかもしれない。

今年の日本の夏もインドと同じように暑かった。気温だけではなく、僕の心も昂まって熱かった。七月上旬、突然猫なで声で教授室に呼ばれた。きっと、よからぬ話にちがいない。

「新設の病院の院長のポストはどうだ。君が実験で使っている装置も持っていっていいし、君が今度新築した家からも近いし、ローンの支払いも、大学の給料なんかよりは楽になるよ」

体中に虫酸が走った、鳥肌が立った。来るべき時が来た。人生の刻だ、慎重に構えよう。黙ったまま、何も答えずにいると、先生様の顎の先、頤の筋肉がピクピクし始めた。猫なで声とは裏腹にアドレナリン一杯で、お怒りになっているにちがいない。で、僕は椅子からから立ち上がった。

「よく、考えておきなさい、僕の言うことを。君に悪いことを言っているのではない！」

瘤《かん》高くなった声が追い掛けてきた。悪いことを言っているじゃないかと、内心呟き、バタンとドアを閉めて教授室の外に出た。大きく深呼吸をした。それ以降、彼とは口を利いたことはない。

自宅へと帰る道のハンドル捌きは軽かった。これで、先生様のご尊顔を毎日見なくて済む、それだけで晴れ晴れとした気分になる。夕食準備中の家人にこの話をすると、ふと手を止め、必死の表情で言ってきた。

「帰ろう。もう帰ろう。頑張って一生懸命やって来たけど、もう限界。この家なんかどうでもいい、ポジションなんかどうでもいい、ゲジゲジのいないところに行こう！　戻ろう！　帰ってよ！」

カルピス、家族なんだ、そう思った次の瞬間、僕は電話機のダイヤルを回し始めた。今まで節目節目でお世話になった方たちとのアポイントだ。自分たちの人生と子供たちの未来のためには、躊躇する遑《いとま》はない、気後れしている場合ではないのだ。これも、運命を切り開くための勇気なのだ。

二日後、名古屋に車を走らせる高速道路の上、僕の頭の中には〝エクソダス〟のメロディが響き渡っていた。映画『栄光への脱出』のテーマだ。

事の次第を聞いて、親しかった兄貴分で、学位申請の手ほどきをしてくれた先輩助教授は「将来を嘱望して送り出した大先生はお嘆きになりますね」と絶句した。

大学院を勧めていただき、結納仲人などと、お世話になってきたフェアレディ先生も訪ねた。が、今や教授となっておられ、僕のネクタイがわずかながらもお役に立ったようだ。そして、細胞のエネルギー代謝研究の大家であり、ある時、ノーベル賞財団から電話があって色めき立ったともいう。僕も、あのまま赴任しなかったら、フェアレディ・ラボをベースに別の研究人生を歩んでいたのかもしれない。が、なにかにつけ型破りの人だ。間近で仕えるのは、それはそれで難しい道であっただろう。

フェアレディ教授は、窓の外を指差して、諭してくれた。柄にもなく、青春ドラマの風のセリフだったが、僕の心に素直に染み込んできた。

「学生時分からお前を観て来たが、才気煥発すぎて疎まれたんだ。低脳は賢いのが嫌いなのさ。お前は、何があっても動じずに、Going my way でやって来たじゃないか。見てご覧、あの木を。ゲジゲジに葉っぱを食われても、たくましく伸びている。なんだ、お前！ 人生を投げちゃいけないよ。医学という学問は、あの木のように枝分かれしていても、それぞれの梢の先に芽があるのだからナ。君がやるべきことは、まだまだあるさ。それを見つけろ……」

二十年来の友、エレファントロップス君は言った。

「何をどう決断しようとも、いつも君を支持するよ」

そして、フランソワ・ポンポン君は初めて麻雀をやった時のように、人生訓を付け加えた。

「でも、時に、沈黙は金だ。偉大なる教授様の悪口を人に言って回ると、君のお株が下がるヨ。照る日もあれば曇る日もあるんだ。泥仕合は最低だ」とも。

最後に、今は医学会の重鎮となっている恩師の大先生にも、時間を作っていただいてお会いした。

「もう、今の大学に自分の将来を見ることができません」

「もう無理だ、戻って来い」

ポツリと言われ、そして付け足された。

「君の口からは、もう言うな。同情されたくて人に何か言えば、尾ひれをつけて面白おかしく噂されるだけで、なんのためにもならない。しばらく、大人しくしておれ」

インドの旅はまだ続いた。ヒンドゥー教の『光の神』の祭りでの文字通り人の波が渦となった古都ジャイプールでマハラジャの邸宅に泊まり、巨大な白亜のホールケーキのようなタージ・マハルでは、インドの新婚旅行カップルを目にして、かつての〝ダルタニアンの馬〟の日々を思い出した。カジュラーホでは様々な姿態のミトゥナ神の群れに、やっぱりカーマスートラの国だと感心した。ガイド氏の説明では、戦いの前日には性の饗宴があったとのこと。そして、ベナレスで飛行機を乗り継いで聖地を窓から見下ろし、インダス河を辿ってニュー・デリーに戻った。

こうして、インドの学会・旅行の目眩《くるめ》く日々は終わりを告げ、日本が、そして奈良が近づくにつれて、心の中に鉛色の雲が立ち込めてきた。

帰国して数日後の十一月十日。朝のニュースがベルリンの壁崩壊を伝えた。

この夏、教授室に呼ばれて袂《たもと》を分つ決心をした頃、地球の裏側では、夏休みにかこつけた多数の東ドイツ市民が国境を越えようとしていた。圧縮ボール紙ボディの小型車のトラバンドでチェコやハンガリーに行き、そこから西側への脱出の機会を窺っていて、共感を持ってその成り行きをフォローしたものだ。

そして、そのうねりが、遂に壁を崩した。テレビ画面では、検問所から続々と人々が奔流となって流れ出ている。壁の上によじ登った若者たちが大きなハンマーを振るって叩き割っている。ついに、東欧の自由化のエネルギーは荒波となり、鉄のカーテンを無血のうちに破り裂いてしまったのだ。一日も早く映像に映る彼らの解放感を我がものにしたいと願った。

一九九〇年四月。〝帰りなんいざ。田園まさに荒れんとす〟だ。医者の原点は患者を診ることだと、僕は大学を離れた。以前いた国立鈴鹿病院の医長として神経難病を診はじめた。病院長は、先輩のラッパ講師だ。何年か前の僕の医師国家試験合格の祝いで寿司を取ってくれたはいいが、こちらがバイト先から戻る前に他の医局員と平らげてしまった御仁だ。が、アバウトな人柄にしろ、性格が陽性なのがよい。今の僕にはそれが好ましい。家人は取り敢えず母校の教室で改めて勉強をすることになった。嬉しかったのは、かつてはタンギーちゃんドゥドゥちゃんと小鳥のような声でまとわりついて来た息子が名古屋の私立中学に特待生で入学したことだ。苦境の親とは別に、彼は彼なりに着実に未来に向かって歩き始めている。希望のともし火だ。夜明け前の闇の向こうには、輝く明日があるんだと、家人と励ましあった。

九月、最初に相談した先輩助教授からミュンヘンでの国際学会に誘われた。きっと、僕をアップテンションにしようと思ってくれたのだ。一行には、母校の教授をはじめ、親しいドクターたちが何人もおり、フランクフルトからハイデルベルク、ロマンチック街道を経てミュンヘンにやって来た。道中、ワインあり音楽あり、また教授の様々な蘊蓄《うんちく》ありで、晴れ晴れとした気分で秋のババリアを満喫した。そして、ピカピカのBMWやベンツに混じって、垢抜けなくて小さなトラバントとも出会った。もう、何の憚《はばか》りもなく東ドイツからやって来ている。やはり、ベルリンの壁は崩れ去っていたのだ。

学会はルードウィッヒ・マキシミリアン大学のクラシカルなホールで行われた。荘重な開会式後のパーティでは、オクトバーフェストの季節とあって、ビールやワインが飲み放題でブルストも美味しかった。が、流石《さすが》にゾウの行進はなかった。その代わり、ルーマニアやハンガリーなどと、この間までは鉄のカーテンの向こうだった国々から来た人々が生き生きと会話していた。

今回もパネル・セッションでの発表を選んだ。ポスターの前にアメリカ人がやってきた。ネームカードはある高名な学者のようだった。君の研究は、この点をさらに突き止めれば面白いかもしれない。そう言ってくれた。久しぶりで、ややおぼつかなくなりかけた英語でディスカッションし、まだ評価されているのだと嬉しかった。

しかし、そのサジェッションを生かせないだろうと、内心思った。リサーチャーにとって大事なはずの三十歳代は過ぎ去ってしまったし、それに今の奉職先は、そのような研究の場ではない。〝ダル馬〟や〝ビックリ長屋〟の頃のような物怖じしない行動力と柔軟な頭脳はあるだろうか？　あるとすればどう使えばいいのだろう？　なに、焦ることはない。焦って、〝偉大なる教室〟のような変な道に迷い込んではいけない。真にするべきことはなんだ？　新たなシチュエーションで、難病の医療現場でじっくりと診て、やれることをやる。そして、考えているうちに、きっと何かが湧き上がってくるさ……。そう自問自答した。

ミュンヘンからの帰りの飛行機で、ハンガリーの青年が盛んにステュワーデスに話しかけている。

「鉄のカーテンがなくなったので、これから僕たちの国のプロダクトを、ビジネスを世界中に広めるんだ！」

スチュワーデスの運んできた赤ワインを傾けながら、口の中で旧約聖書の〝伝道の書〟の一節を呟き、その若者を祝福してやった。

「汝のわかき日に汝の心を悦ばしめ、汝の心の道に歩み　汝の目に見るところをなせよ……すべて汝の手に堪うることは力を尽くしてこれを為せ……天が下の萬の事には期あり、萬のわざには時あり」と。

もちろん、自分に向かっても呟いた。

かつて、僕は若かった。

日焼けして“カルピス・ポスター”の昔に戻った家人に、インド象が親愛の情を示した。

フェアレディ先生宅での乾杯。後日のもっともらしく立派な肩書きが嘘のように、
僕たちはみな腕白だった。鷹揚で優しい奥様だった。

あとがき

かつて僕は若かった。

若さ故の気負いと多少の無鉄砲で人生を乗り出していった。ところが、昭和の戦後生まれのいわゆる団塊の世代の青春時代には、全国的に吹き荒れる学園紛争の嵐が待っていた。なんとか、寄せ来る波を乗り越えても、次のうねりがやってくる……。

そのようなことを書きしたためた原稿を、風媒社編集部の劉永昇さんにお見せしたところ、「どういうお気持ちでこれを書かれたのですか?」と、まず聞かれた。う〜んとうなり、返答に窮した。過激派の激しい街頭闘争から始まっているので、なんらかの思想的なメッセージ、あるいは青春のエネルギーへのオマージュが隠されていると思われたのかもしれない。家に帰って、こう問われたと言ったら、次のように返ってきた。

「あなたは、そんな難しいことを考える人ではない、ただ書きたいから書いたんでしょう」

そう、それだけのことだ。だが、若かった日々を淡々と文章にしていると、かつての自分に心がワープしていくのが、気恥ずかしさと同時にたまらず楽しくもあった。もちろん、多少の脚色や、登場人物のデフォルメはした。だから、ここでは自分以外はみな匿名にした。

「兵士たちの唄」は、人生の出だしの初っ端での挫折で途方に暮れていた頃の記憶が失せぬうちにと、早くに書き始めた。通っていた予備校はカルチェラタンと呼ばれた大学街の中にあり、過激派学生と機動隊の激突が繰り返される動乱の巷であった。ヘルメットとゲバ棒で、あるいは知的に高揚している同世代を横目に、素浪人は入試の行方に一喜一憂の日々である。何よりも大事なことは自分自身の人生であり、安保闘争やベトナム反戦などはひとまず置いて、僕なりにこの上ない緊張感の中にいた。

この不条理な状況をいかに這い出て未来を切り開いていこうかと踠《もが》いていた時代を文字にしていくと、なぜか、鼻を突く催涙ガスの匂いが蘇り、キーボードの向こうの、研ぎ澄まされた目をしていたかつての自分がいじましくなってくる。

東大入試中止の大嵐に揉まれた末に名古屋大学に入学し、新鮮で自由なカレッジライフを謳歌しはじめた矢先、ここでも季節遅れの学園紛争が起こった。もうこんなことはごめんだ、過激派などはクワバラだと憤りを感じながらも、思いがけずデューティ・オフで空白な時間がやって来た。よく遊び、とりあえず考え、それなりに学んでいた「疾風怒濤のモラトリアム」の日々だった。が、突然、時は流れ始めた。過激派に占拠されていた大学校舎封鎖の実力解除となり、モラトリアムは終わってしまった。さあ、勉強だと、心が入れ替わるほど殊勝な僕ではなかったが……。この時間は無駄ではなかった。生涯の友人たちもできたし、〝カルピス・ポスター〟のような女子学生とも知り合えたのだ。

かなり時が流れて、自分の息子が大学のために巣立っていく時、ふとデ・ジャ・ヴーのように父の顔が脳裏に浮かんだ。

父は元海軍軍人で、戦後は千葉の銚子で事業を営みながら男手一つで四人の子供を育てた。やがて、子供たちが次から次へと進学のために田舎を離れていった。僕が予備校で東京に行く時も、入学式で名古屋に出る時も、駅のホームで手を振りながらも寂しそうな笑顔だった。大学を卒業して本格的に世の中に足を踏み出す時、駅頭の見送りの代わりに中古の自動車を餞《はなむけ》だとくれた。想定外だったのは、帰りの同乗用に〝カルピス・ポスター〟を連れて帰ったことだろう。

その自動車を「ダルタニアンの馬」と名付け、僕は医師として駆け出しの日々をヨタヨタ、ガタガタと走り始めた。〝取り敢えずはギャンブルで〟と医局から派遣された競艇の診察室で国家試験合格の日を迎え、秋には初めての学会発表をし、暮れの学会ではガタピシの『ダル馬』に先輩ドクターを乗せて早朝の高速道路を東京まで走った。よく分解しなかったものだ。

ともあれ、目くるめく思いで走り廻り、彼女との人生の途も踏み出した。そして、『ダル馬』の息が尽きて走れなくなった時、後にデ・ジャ・ヴーを呼び起こす息子が芽生えていた。

人生の節目となるような大きなイベントが次々とわずかな間に起こることがある。昭和五四年（一九七九年）もそのような年であった。夫婦して大学病院の若手医師で、研究にも臨床にも一生懸命で、最初の子育てにも追われていた。そして、突然一念発起して家を作り始めた。やむなく住んでいた破れ長屋に住民調査で訪れたお巡りさんの一言で「さよならビックリ長屋」となったのだ。まさに若気の至りであった。次の子、娘も誕生し、また成長観察の喜びがやってきた。一方で、大学院が終了し医学博士の学位修得のプロセスが待っていた。必死になって研究論文をまとめ、審査する教授たちの口頭試問に脂汗をかき、なんとか若手医師の最大のストレス難関を乗り切らなくては……。

ともあれ、何事によらず、物を作り、新しい展開を迎えるのは楽しいことである。そして、未来はいつまでも自分たちに微笑んでいるように思われた。

昭和から平成への節目の時、世界も日本もそして僕たちにも大きな変化が突然起こった。父も昭和天皇も逝かれたばかりの時、国際学会でインドに行った。全てがカルチャーショックで、目にするものが片っ端から新鮮で物珍しく、些細な出来事さえ面白かった。だから、帰国直後にメモを書き、その後の雑文の種となった。

だが、上っ面のウハウハ・ワクワクとは裏腹に、僕たちは不惑の歳なのに惑々ランドそのものの人生の転機にあった。このまま、意に添わぬままアカデミックポストにしがみつくのか、新たな転身を計るべきか？　折りしも、ベルリンの壁は崩壊し、僕たちもエクソダスを決意した。翌年訪れたミュンヘンで、鉄のカーテン崩壊後の東欧からの若者の生き生きした様子に、これからをポジティヴに思いやった。


思えば遠くまでやって来たものだ。

そして、記憶の呼び起こしには、画像情報、つまり写真の一目に勝るものはない、アルバムを何度もめくった。ところが、僕が貧乏学生の頃はフィルム代・現像代は馬鹿にならず、一本のフィルムに一年分の四季が記録されている始末だった。だから、被写界深度などとカメラの講釈様となって香落渓や室生寺でシャッターを切りまくっていた坂本純一君（名古屋大学名誉教授）と、車のみならずカメラも最新メカで、学生時代を記録していた絹川常郎君（中京病院名誉院長）に感謝したい。また、アガサ・クリスティの小説『象は忘れない』の如く、若い頃のよしなしごとをいつまでも忘れない野村隆英君（藤田医科大学名誉教授）の存在も貴重である。もちろん、百寿の天寿を全うするまで、長らくご指導いただいた恩師の祖父江逸郎先生と、ご指南していただいた小澤高将先生には感謝し申し上げ続けている。

なお、多くの名大医学部での同級生が教授なり病院長なりで活躍した中にあって、芸能界入りしてもおかしくないと思っていた千場純君は、在宅患者の看取り医療実践で日本医師会の赤ひげ大賞を頂いた。〝男子三日会わざれば刮目して見よ〟というが、大変身して〝地の塩〟とならはった。もっとも、若くて綺麗な奥さんと暮らしているので、変わらないこともあるようだ。

家人の陽子は、〝カルピス・ポスター〟再現を心配しながらもガーデニングを趣味としているが、最初の読者として誤字脱字の訂正とともに「私、そんなこと言ったかしら」などのコメントもくれた。なにはともあれ、お礼を申さねばなるまい。〝ドゥドゥちゃん、カークン〟と小鳥のようにまとわりついていた息子は外交官になり、この「あとがき」執筆時には担当課長としてイスラエル・ハマス紛争の対応に当たっている。小さく生まれた娘もゲーム・デザイナーとなり、二人とも親には分からない世界で活躍しているようだ。

また、写真掲載に同意して頂いた太田千鶴子さんと同意するに決まっている同級生諸君にもお礼を述べるとともに、出版に際してご助言とお骨折りをいただいた劉永昇さんに深謝いたします。

蛇足ながら、わが〝ダルタニアンの馬〟はグレーのブルーバードだった。しかし、表紙の方が青春のたぎりを表しているようでもあり、それにこの二十年来、僕の愛車たちは臙脂《えんじ》である。だから、まあ、これでいいか……。デザイナーさん、ありがとう。

令和五年秋

小長谷正明

小長谷正明（こながや　まさあき）

1949年、千葉県生まれ。1969年、名古屋大学医学部入学。

1975年、名古屋大学医学部卒業。1979年、名古屋大学大学院博士課程終了。専攻は神経内科学。現在、国立病院機構鈴鹿病院名誉院長。

学園紛争が荒れ狂う東京で受験時代を過ごし、入学後も名大紛争に翻弄されるカレッジライフを送った。無事卒業後、父が餞でくれたのは〝ダルタニアンの馬〟のような自動車で、そして医師として踏み出した。

（著書）岩波新書『神経内科』『医学探偵の歴史事件簿』、中公新書『ヒトラーの震え　毛沢東の摺り足』、幻冬社新書『世界史を変えたパンデミック』など、メディカルエッセー多数。

ダルタニアンの馬　名大医学部とぼくたちの青春

2023年11月22日　第1刷発行　（定価はカバーに表示してあります）

著　者　　小長谷　正明

発行者　　山口　　章

発行所　名古屋市中区大須1-16-29
振替 00880-5-5616 電話 052-218-7808　風媒社
http://www.fubaisha.com/

＊印刷・製本／モリモト印刷　　乱丁本・落丁本はお取り替えいたします。

ISBN978-4-8331-5453-6